JN091560

イラストでわかる

シーン別

HSPにはこう見えている

監修 時田ひさ子

はじめに

この本は、ＨＳＰ（Highly Sensitive Person：高度に敏感な人々）がどのように世界を見て、感じているのかを理解していただくためのガイドブックです。ＨＳＰでない方々がＨＳＰの視点を理解することで、ともに暮らしやすくなることを目的としています。

ＨＳＰの方々は、感受性が非常に高く、細かな刺激にも敏感に反応します。この特性は、ときには生活を豊かに彩ったり、新しい物事を生み出す原動力になったりしますが、その一方でＨＳＰ当事者にとっても、周囲の人たちにとってもストレスの原因となることがあります。そして、多くの場合、ＨＳＰの方々がどのように世界を体験しているのかは、周囲の人には理解されにくいものです。

この本では、場面ごとにＨＳＰ、周りの人々のそれぞれの視点をイラストと共に解説しています。具体的な状況を通じて、ＨＳＰの方々が何を感じ、どう対応しているのかを理解しやすくすることを目指しています。各章では、日常生活のさまざまなシーンを取り上げ、ＨＳＰの方々が感じる独特の感覚や思考プロセスを詳細に、かつわかりやすく描写しています。

はじめに

私自身、ＨＳＰとしての特性を持つ一人です。この本を監修するにあたって、私自身の経験やカウンセリングの中で得た知識をもとに、多くのＨＳＰの方々が陥りやすい事例を紹介しています。カウンセリングをする中で、しばしばＨＳＰの豊かな才能を垣間見るのですが、それと同時に、その豊かな才能を社会で活かすことができていない残念な場面を聞かせていただくことも多くあります。どんなに豊かな才能を持っていても、ストレスいっぱいだったり、自己否定ばかりしていたり、人とうまく付き合っていけなければ、その感受性の豊かさや深い洞察力を活かすことは決してできません。

ＨＳＰの方が自分のケアをすることは必須ですが、周囲との共生、協調もまた重要なものです。この本が、ＨＳＰの理解を深め、より良い生活を送るための手助けとなれば幸いです。そして、ＨＳＰの方々とその周囲の人々が、お互いを理解し、支え合うためのきっかけとなることを心から願っています。

時田ひさ子

イラストでわかる シーン別 HSPにはこう見えている――目次

第1章

HSPって何？

第2章 いっぱいいっぱいの職場編

第3章 気疲れマックスの対人関係編

第4章 通じ合えない恋愛・結婚編

第5章

「繊細さ」の活かし方

第1章

HSPって何？

HSPってどんな人？

HSP＝敏感過ぎる感受性の持ち主

この本を手にしている人の中には、HSPという言葉を聞いたことはあっても、どんな人を指すのかは今ひとつわからない、という人も多いかもしれません。

HSPというのは、アメリカの臨床心理学者エレイン・N・アーロン博士が1996年に提唱した概念です。アーロン博士の本は2000年に『ささいなことにもすぐに「動揺」してしまうあなたへ。』（冨田香里訳・講談社刊）として日本でも刊行され、広く知られるようになりました。

HSPとは「Highly Sensitive Person」の略で、直訳すると「非常に感受性の高い人」となり、端的に言えば「繊細な人」という意味です。専門的な言い方をすると、「感覚処理感受性」が高い人、ということです。

アーロン博士の研究では、性別や人種などに関係なく、すべての人の中で特に感覚処理感受性が高い約20％がHSPとされます。つまり世の中には、大体5人に1人の割合でHSPがいるということになるわけです。

感覚処理感受性の高さ、つまり「ＨＳＰ気質」を簡単に言えば、さまざまな刺激に大きく影響されやすい、ということになります。アーロン博士の訳書のタイトル通り、「ささいなこと」にもすぐに「動揺」してしまう、ということです。そのような特性は先天的な「気質」とされ、育ち方などによって変化することもある後天的な「性格」とは区別されています。

ＨＳＰは良くも悪くもあらゆる刺激に対して敏感なため、ポジティブな刺激からはほかの人よりもいっそうポジティブな影響を受けます。そのため、気質を活かして社会で活躍している人も少なくありません。一方で、その気質がネガティブに働いてしまっている人も多く存在します。それらのＨＳＰの中には、日々の暮らしで気質由来の「生きづらさ」を感じている人が少なからず見られます。

刺激に敏感
光や音、匂いや温度などに過敏に反応する

共感しやすい
人が怒られているのを見て落ち込む

空気を読み過ぎる
人に気を遣い過ぎる

HSPの4つの特徴「DOES」

HSPを特徴づける4種類の敏感さとは

エレイン・アーロン博士は感覚処理感受性に関する研究を続け、HSPの特徴として以下の4つを提唱しています。

まずひとつは「D」＝Depth of processing（処理の深さ）です。これは感覚刺激に対する処理の深さを指します。HSPはあらゆることを深く考える一方で、周囲から考え過ぎと思われたり言われたりすることが多いのです。

次が「O」＝Overstimulation（刺激に対する反応の過敏さ・高ぶりやすさ）です。HSPは感覚刺激に対して良くも悪くも非常に敏感で、楽しいときには人一倍気分が上がる一方で、緊張しやすさや落ち込みやすさも人一倍だったりします。

その次が「E」＝Empathy and emotional responsiveness（共感力・感情反応の強さ）です。「O」とも連動し、HSPは感情の波も人一倍で、極端なまでに感動しやすかったり涙もろかったりすることが見られます。また、ほかの人の感情に対する共感力も非常に強いのです。

そして最後が「S」＝Sensitivity to subtleties（感覚の鋭敏さ）です。ＨＳＰはわずかな刺激にもすぐに気付きます。周囲の人たちが気付かないようなささいなことも敏感に察知し、気になります。

ＨＳＰの４つの特徴は、それぞれの頭文字を合わせて「ＤＯＥＳ」（ダズ）と呼ばれます。これらの４つの特徴すべてに当てはまる人は、ＨＳＰである可能性が非常に高いといえるでしょう。

今この本を読んでいる人の周りにも、これらの特徴に合致する人がいるかもしれませんし、そのような人との関係に悩んでこの本を手にした人もいるでしょう。中には自分自身が４つの特徴に当てはまる、と感じる人もいるかもしれません。実際、５人に１人の割合で存在するとされるＨＳＰは、それほど珍しくもないといえます。

D ＝ Depth of processing

O ＝ Overstimulation

E ＝ Empathy and emotional responsiveness

S ＝ Sensitivity to subtleties

HSS型HSPとは？

活発で外向的だけどHSP？

　ここまでの説明を読んで、HSPはとても敏感で繊細、と理解した人がほとんどでしょう。そのようなHSPに対して活発とか外向的というイメージを持った人はおそらく少ないのではないでしょうか。

　ところがHSPの中には、「刺激希求特性」が高い、つまり繊細な一方で好奇心が人一倍強くて、自分から刺激を求めていくタイプが、少なからず見られます。「High Sensation Seeking」を略してHSS型と呼ばれるタイプです。

　HSS型HSPも、やはりHSPの名付け親であるエレイン・アーロン博士が提唱した概念です。HSS型HSPは活発で外向的なので、一般にイメージされているHSPっぽくは見えないことが多く、そのためHSP特有の繊細さが周囲からわかりにくいという意味で「かくれ繊細さん」と表現されることもあります。たとえばHSPの当事者として各種のSNSで積極的に発信したり、HSPについての本を書いたり「HSPカウンセラー」の看板を掲げて活動している人たちには、このＨＳＳ型ＨＳＰが比較的多いようです。

刺激に弱いために人付き合いに疲れてしまったり、強い刺激を避けようとしたりするＨＳＰが多い中で、ＨＳＳ型ＨＳＰは刺激的なことが好きで、外に出ていったり人と会ったりすることも大好きです。

その一方でＨＳＰの４つの特徴、「ＤＯＥＳ」に当てはまる感受性の過敏さはやはり持っているので、ＨＳＳ型ＨＳＰは、積極的に刺激を求め行動しては、結果としてひどく疲れてしまいます。

また、外向的な性格のために、自分のことをＨＳＰではないかなどとはまったく疑ったことがなく、それでも子どもの頃から気分の波や疲れやすさなどに悩まされていることから「自分はどこかおかしいのでは……？」と思っていた、という人もいます。

HSPと発達障害

似ているところもあるが別のもの

HSPは、「DOES」それぞれの特徴から、周囲と上手く折り合えないことがあります。HSPが抱える悩みの中でも大きいのが、人間関係に関するものです。

ADHD（注意欠如・多動症）やASD（自閉スペクトラム症）などの発達障害でも、人間関係が上手く築けないという問題はよく見られます。それだけでなく、刺激に敏感に反応する点や、飽きやすい点など発達障害とHSPには似ているように見える部分が少なくありません。

実際には、HSPと発達障害は似て非なるものです。たとえばASDの特性として、よくこだわりの強さが挙げられますが、こだわりの強さはHSPにも少なからず見られます。しかしASDのこだわりの強さが脳の機能の偏りからくる症状のひとつとして現れるのに対して、HSPのこだわりは「D」の特性であらゆる情報について深く思考した結果としてもたらされているのです。ASDが自分のこだわりに固執して周囲のことを考慮しないことが多い一方で、HSPが常に周囲の空気を敏感に察知するのも、違いのひとつです。ただし、空気を読み過ぎる癖が染みついたＡＳＤも、空気を読まないようにしているＨＳＰも存在します。

ＡＤＨＤは注意力や集中力が散漫なためにミスを多発したりすることがあり、これもＨＳＰとある程度共通しますが、ＨＳＰの場合は「Ｄ」の特性で深く考え込み過ぎてほかのことに気が向かないなど、ＡＤＨＤとは違いが見られます。

自分はＨＳＰなのか、発達障害なのか……と疑っている人は、まず専門の医療機関に相談すべきです。障害や病気には含まれないＨＳＰと違い、発達障害は医学的な診断の基準が確立しています。特に子どもにＨＳＰか発達障害が疑われる場合は、「うちの子はＨＳＰなんだ」と決めつける前に必ず医療機関を受診しましょう。もしＨＳＰではなく発達障害だったとしたら、早いうちに適切な医療的支援を受けられる、その機会を失ってしまいかねないからです。

HSPのことをよく知ろう

特性を知ることが第一歩

HSPについて書かれた本は数年前からブームのようになっていて、たくさんの種類が出ています。この本も、書店の「HSP」のコーナーで見つけた、という人が少なくないはずです。

一方で、HSPについて書かれた本の多くは、HSPの当事者や、自分のことを「ひょっとしてHSPでは？」と思っているような人たちに向けて書かれています。その点この本は、もちろんHSP本人が読むことも考えて書かれていますが、それ以上に、自分の周りにHSPや、HSPの可能性が疑われる人がいる……という人たちのために書かれたものです。

先に説明した通り、HSPは5人に1人存在するといわれています。決して珍しくないのです。そういう話をすると、「そんなはずはない、昔はそんな人はいなかったのでは？」と考える人も中にはいるかもしれません。しかし実際にはそうではありません。90年代にエレイン・アーロン博士がHSPという概念を提唱し、それが2000年代に日本でも紹介され、この20年余りの間にHSPの存在がメディアを通じて「見える化」されて広まり、知られるようになったのです。

つまり、一昔前なら「繊細な人」、「色んなことに気が付くのに自信がない人」と思われていた人の多くが、実はＨＳＰだったのかもしれません。

多くのＨＳＰがその特性ゆえの「生きづらさ」を抱えて生きてきたため、ＨＳＰについて書かれた本でも、単にＨＳＰの生きづらさの解消にフォーカスされていることが少なくありません。一方、今の世の中では少子高齢化で人手が足りなくなっているのに、職場と働き手のマッチングが上手くいかないことが多く、人材難が問題視されています。

周囲の人たちがＨＳＰのことをより理解できれば、ＨＳＰはその特性を強みにして、職場で、社会でもっと輝けることでしょう。本書でＨＳＰについてよく知ることは、結果的に世の中を良くすることにも結び付くかもしれません。

HSPチェックテスト（HSP/HSS LABO版）

あなたがHSPであるかどうかテストするチェックテストです。各設問について「当てはまる」、「時と場合による」、「当てはまらない」のいずれかで答えてください。

設問

問1　正義感・思いやり・親切心があり、自他に対して誠実でありたいと思っている

問2　小さな優しさや人間味に触れると心がふるえる

問3　想像することが得意だ

問4　人に見られていたり時間がないとき、焦って本来の力が発揮できない

問5　理不尽な出来事を見ると落ち着かなくなる

問6　引っ越しや転属、人の死など、生活の変化で動揺しやすいと思う

問7　大きな音やまぶしい光、きつい匂い、カフェイン、炭酸、辛い食べ物など、強い刺激が苦手だ

問8　ときどき誰にも見られていない場所で一人になりたくなる

問9　ものごとや人の真偽を見抜くのが得意

問10　幼い頃から生死や人生の意味などについて考えていた

判定

当てはまる＝4、時と場合による＝2、当てはまらない＝0で計算して、合計の数字を出し判定します。

３０点以上＝HSPの可能性大です
１６点以上＝HSPかもしれません
１５点以下＝HSPではありません

HSS型HSPチェックテスト（HSP/HSS LABO版）

あなたがHSS型HSPであるかどうかテストするチェックテストです。各設問について「当てはまる」、「時と場合による」、「当てはまらない」のいずれかで答えてください。

設問

問1 余裕がなくなるとテンションが落ち別人のようになる
問2 何気ない言葉に傷つき、人知れず落ち込むが、落ち込んだ姿は見せない
問3 今やっていることを切り上げるのが苦手
問4 自己肯定感は低いが、どこか自分に自信がある
問5 電車に乗るときょろきょろ周囲を見回してしまいそうになる
問6 寝ることは好きだが、寝つくのは不得意
問7 やらなければならないとわかっているのに、直前になって慌てる癖を治したい
問8 グループLINEで発言するとき、つい何度も内容を考え直す
問9 ルーティンが苦手
問10 本質的な話がしたい

判定

当てはまる＝4、時と場合による＝2、当てはまらない＝0で計算して、合計の数字を出し判定します。

30点以上＝かくれHSP（HSS型HSP）の可能性大です
16点以上＝かくれHSP（HSS型HSP）かもしれません
15点以下＝かくれHSP（HSS型HSP）ではありません

Column

HSPと睡眠

◉寝つきが悪く、寝過ぎてしまう

HSPは睡眠について困りごとを抱えていることが多いようです。ひとつめは昼間に起きたあれこれが気になり過ぎて、ベッドに入ってもなかなか眠りにつけないということです。これは「DOES」の「D」と「S」の特性が強く出ている現象です。HSPは「一人反省会」をしがちです。「あの時ああ言えばよかった……」、「あのときは、あんなこと言うべきじゃなかった」といつまでも思考が止まりません。こんな状態では誰だって眠りにつけなくなります。また、HSPはさまざまなことが気になって疲れやすいため、回復に人より時間がかかります。そのため一度眠りに入ると寝過ぎたりもします。そして考え過ぎて「一人反省会」をし続けるので、睡眠不足や遅刻、休日を楽しめないなど、入眠困難による日常生活への影響が大きくなりがちです。

このような影響を最小限に抑えるためにおすすめなのが、仮眠です。寝不足を感じているときは、お昼休憩や移動時間など隙間時間に少しだけでも寝るようにしてみてください。脳科学の分野ではアイマスクをして目をつぶったり、机に伏していたりするだけでも体は休んでいるという研究もあるそうです。夜に寝つけないときも、「寝なきゃ!」と焦るのではなく、「ひとまず体を休めよう」と思い目を閉じるだけでもよいのです。仮眠は「一人反省会」を断ち切ってくれる効果もありますので、夜の寝つきも変わってきます。そうして寝つきの問題が解消できるようになると、段々と寝過ぎの問題も良くなっていくことでしょう。

第2章

いっぱいいっぱいの職場編

「DOES」の特性が仕事の邪魔になることがある

職場で上手くやっていけない……という悩みを抱えているHSPの方はとても多いです。多くの人たちが集まって、その関係性の中で仕事やイベント事を回していく職場にあって、HSPの「DOES」の特性がときには邪魔をすることがあるからです。

たとえば「D」なら、情報を深く処理して深く考える特性のために、単純に仕事を覚えたり手を動かしたりする以前に「なぜこの作業をする必要があるのか」というところをついつい考え込んでしまったりします。「O」では気持ちの高ぶりやすさのせいで、ちょっと注意されたことでこの世の終わりのように落ち込んだり、「E」では他者への共感力の高さから、相手の気持ちを読み過ぎて、忙しいのに仕事の依頼を断れなかったり、気を悪くされるのを恐れて必要なことも言えなくなったりといった具合です。「S」の特性で周囲のささいな物音や会話などが気になり過ぎて作業に集中できなかったりすることもあります。

HSPの気質である感覚処理感受性の高さにより、ポジティブな経験や物事の良い面からHSPは人一倍ポジティブな影響を受けますし、一方でネガティブな影響も大きく受けやすい特徴があります。

そのように、良くも悪くも敏感なのがHSPなのですが、HSPの特徴を持つ人たちにはその特徴がネガティブに働いてしまう場面が多いことが気にかかり、職場でもやりづらさや生きづらさを感じてしまっている人が少なくありません。

また、「DOES」の特性はそれぞれに関連・連動することが多いため、いったんネガティブな状態に入ってしまうと、それがいつまでもループしてしまうこともあるのです。たとえば、注意されて過度に凹んでしまう（O）・上司に嫌われてしまったと思い込む（E）・自分の何が悪かったかを考え続ける（D）↓反省して前向きに切り替えるのではなくいつまでも自分を責めてしまう……といった反応が見られたりします。

△「O」や「S」の特性から、ちょっとした注意に落ち込んだり、言うべきことをなかなか切り出せなかったりすると、「使えない人」とみなされやすい。

△周りの人の気持ちを読み、先回りして気遣える「E」の特性から、「頼れる人」となることも多い。

01

頼み事を断れない

頼み事の先を読み過ぎてしまう

ＨＳＰの職場での悩みで上位に挙がるのが、「頼まれると断れない」ということです。自分が忙しいときでも、周囲から何か頼まれると、どうしても上手く断ることができずに引き受けてしまい、仕事を抱え込んでへとへとになってしまったりします。これは「ＤＯＥＳ」の「Ｄ」と「Ｅ」にかかわるものです。

ＨＳＰはほかの人から頼まれ事があると、「Ｄ」の特性で、実際には言われていないその先までも読もうとしがちです。すると「切羽詰まった急ぎの案件かもしれない」、「大変なのかも……」と相手の都合を優先的に考えます。また、「Ｅ」の特性から相手の大変そうな様子に過敏に反応したり、「断ったら嫌われてしまうのでは……？」と大きな不安を抱いたりしてしまうのです。

こうなると、自分のことでも精いっぱいなのに、さらにほかの人の仕事まで抱え込んでしまい、ストレスに苦しめられるばかりか、結局どの仕事もパフォーマンスが上がらず、上手くこなせなかったりしてしまいがちです。結果的に誰も幸せになりません。

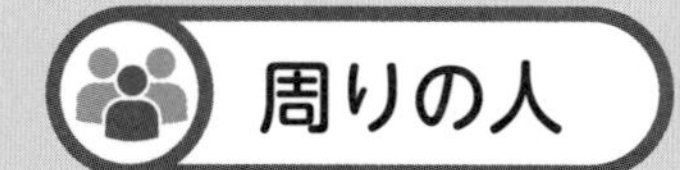

このような場合、当のHSPは一見すると嫌がるふうでもなく、笑顔で追加の仕事を引き受けていたりします。そのため周囲の人は、「引き受けてくれたら助かる」ぐらいの気持ちで頼み事をしてしまうのです。しかし見る人が見れば、尋常ではない仕事量で、明らかにキャパオーバーで「いっぱいいっぱいなのでは……」と心配になってしまいます。

HSPは頼み事をしてくる人たちの事情や状況を敏感に察知する一方で、「断ったら嫌な思いをさせてしまうかもしれない、嫌われてしまうかもしれない」と、ある意味ビクビクしたり、「役に立ちたい」という思いが先走ったりしていることが少なくありません。一見すると笑顔で受け答えしていますが、実際には文字通り「顔で笑って心で泣いて」という状態だったりすることが多いのです。

ＨＳＰは、周囲からの頼み事に対して、その先を読み過ぎたり、気を回し過ぎたりしがちです。そのため周囲の人は、本人の抱えている仕事の進捗状況を確認して配慮したり、頼もうと思っていることの重要度や優先度合いなどを説明できたりすると、ＨＳＰが先の見通しを立てやすく、その優先度を判断しやすくなり、無理に仕事を詰め込むことがなくなるでしょう。

また、気軽に頼んだり断ったりしやすい職場の雰囲気づくりや、社員間のコミュニケーションを日頃から心がけることも大切になります。そのことでＨＳＰに限らず、職場の誰もが過ごしやすくなるはずです。

理解のポイント

- 頼まれ事の先の事情まで深読みしがち
- 相手の大変さに過剰に共感してしまう
- 相手に嫌われたくないという感情や「役に立ちたい」という思いが先走り過ぎていることも

もしもあなたがHSPなら…

このような場合、HSPは「引き受けるか引き受けないか」の極端な二択に陥ってしまいがちです。しかし世の中は実際には、白か黒か、〇か×かだけではないグレーゾーンのほうがむしろ大きいので、落としどころはほかにもあるのでは、ということも改めて考えてみましょう。心理学の本などには大抵載っている上手な断り方「アサーティブ」について調べてみるのもおすすめです。

02 注意やミスをいつまでも気にしている

「べき思考」が強く、自己肯定感が低い

上司から注意されたり仕事でミスしたりしたとき、この世の終わりのように落ち込んで、しかもそれを引きずり続ける人がいます。HSPには特によく見られる傾向です。

HSPの中には、「べき思考」が過度に強い人が少なくありません。「べき思考」とは、「こうあらねばならない」と強く思い込んでしまいがちな思考のパターンです。「べき思考」が外に向かうと他者に攻撃的になりがちですが、HSPの場合は自己肯定感の低い人が少なくないため、「べき思考」が内部へ、つまり自分自身を責めることに向かいます。そのため、注意を受けたりミスをしたりすると、ちょっとしたことでも「ちゃんとやらなきゃいけない/ちゃんとするべきなのに、できない自分はダメなやつだ」という思いにとらわれてしまうのです。

そのうえ、HSPはその思いをいつまでも引きずってしまいます。これはHSPの多くが、子どもの頃からそのように自分を責めるマイナス思考の癖を持ったまま育ってきているからです。心理学では、そのような思考パターンは「認知の歪み」とされています。

HSPの人

先輩が資料の修正を依頼したのは、1週間前のことのようです。先輩は「これではダメだな、もう一度作り直してもらおう」と思っただけで、特に激怒したりきつく叱ったりしたわけではありません。しかし、HSPの後輩からは、なかなか資料の修正が上がってきません。さすがに先輩も気になって声をかけましたが、なぜかHSPはビクビクしています。

資料の修正を依頼した先輩は、あくまで仕事をきちんと進めるために必要な指示を出しただけです。しかし自己肯定感についての認知の歪みから、HSPは「ダメ出しされてしまった、きっと嫌われた、自分はなんて使えないやつなんだろう……」と過度に自分を責め続け、ビクビク・オドオドしてしまいます。これでは周囲は「やりづらいなあ……」と思ってしまうかもしれません。

ＨＳＰは空気を読み過ぎる傾向があり、落ち込んだ自分を周囲に見せないように振る舞うことが少なくありません。

そのような場合、大事なのは落ち込むよりもミスを繰り返したりしないようにすることであり、切り替えて次にいくことである、というのをていねいに説明し、仕事上の注意をうまく受ける方法を身につけてもらいましょう。マイナス思考の癖がある場合にはなかなか響かないかもしれませんが、諦めずに繰り返し声をかけて、考え方の癖を切り替えられるように働きかけることが重要です。

理解のポイント

- 「べき思考」が強過ぎる
- 自分を責めてしまいがち
- 子どもの頃からマイナス思考の癖を持ったままのことが多い

もしもあなたがHSPなら…

まず気持ちを落ち着けて、気分の落ち込みをいつまでも引きずってしまうのは、自分に染みついたマイナス思考の癖であって、職場では切り替えることが必要なのだ、ということを自覚してみましょう。そのうえで、マイナスな考えをプラスに置き換える「リフレーミング」をしてみるのも一つの方法です。たとえば「ミスしてしまった……！」→「このことは次に失敗しないための学びにできる」といった具合です。

03 人が怒られているのになぜか落ち込んでいる

共感力の強さからきている

人間の脳にはミラーニューロンという、他者への共感を司る神経細胞があります。脳科学的にはまだ研究の途上ですが、HSPは通常よりもミラーニューロンの働きが強いと考えられています。そのためHSPは共感力が人一倍強く、他者の感情の動きなどに敏感に反応・同調して、自分の感情も大きく動いてしまうことがよくあるのです。なので、職場でほかの人が上司に怒られているのに、なぜか近くにいるHSPの方がひどく落ち込んでしまって、萎えたり、元気がなくなったりしている……ということは少なくありません。

また、たとえば誰かがHSPを相手に愚痴をこぼしたり悩みを打ち明けたりした際に、憤ったり悩んだりしている本人以上に、話を聞いたHSPのほうが大きく動揺してしまうこともよくあります。話した人はネガティブな感情を吐き出してスッキリしますが、よく見ると話を聞いてくれていたはずのHSPが、ネガティブな感情に引っ張られてすっかり落ち込んでしまっていたり、涙目になっていたりするので、相手は驚いてしまいます。

注意や叱責されている本人は、もちろん「しまった」「申し訳ない」などと思うものですが、その一方で、たとえば上司が特に怒りっぽい人だったりすると、「またか」と思いながらある程度やり過ごしたりもできます。ところが刺激に反応しやすいHSPは、ほかの人に対する叱責まで我がことのように感じてしまい、周囲を驚かせたりすることもあるのです。

悪口を言われたりする場合だけでなく、他人のことを悪く言ったときであっても、脳はネガティブな言動に敏感に反応するとされています。HSPの場合、自分とは無関係の第三者の間でやり取りされているネガティブな言動でも、まるで自分に向けられているかのように、脳が過敏に拾ってしまい、叱責されている本人以上にダメージを受けるのです。

まず、その場にＨＳＰがいるかどうかに関係なく、そもそも衆人環視の状況で声を荒らげて誰かを叱ったり注意したりするのは避けるべきでしょう。ほかの人が見ているところで叱らない、というのは「上手な叱り方」で大切にされることのひとつです。

また、共感力の強いＨＳＰは、それが時々度を越してしまうこともあるとはいえ、誰かが泣いているときに一緒に泣いてくれる、とても優しい人であることは間違いありません。なので、決して否定されるべき点ともいえないでしょう。とはいえ、急に萎えたり元気がなくなれば周囲の人たちは心配しますので、態度には気を付けたいところです。

理解のポイント

- ミラーニューロンの働きが強い
- 他人に対する共感力が強い
- 他人の感情に同調して自分の感情も大きく動いてしまう

もしもあなたがHSPなら…

このような状況になったときには、できればトイレに中座するなどして、その場から離れるのが賢明です。また、ゆっくり呼吸しながら、そのときの自分の体の感覚に意識を集中していくと、冷静さを取り戻しやすくなります。これは「マインドフルネス」と呼ばれる瞑想の一種で、HSPに限らず精神の安定には効果的ですので、関連の本を調べてみるのもよいでしょう。

04 人に指示できない

気後れしてテンパってしまう

ＨＳＰには、人に指示をするのがとても苦手、という人が少なくありません。相手が自分よりも年上だったりすると、なおさらです。現場監督としてベテランの職人さんたちに指示を出さなければならない場合、正社員としてパートの人たちを統率しなければならないときなどは、ＨＳＰにはとても緊張する、ハードルの高い局面となります。

刺激に圧倒されやすいＨＳＰは、そもそも人の上に立ったり指示を出したりすることに抵抗を感じますし、一方で仕事に必要な「指示」なのにまるで「命令」しているように考えて、指示出しに気後れしてしまいます。さらに相手が年上だと「こんな自分なんかが指示を出していいのだろうか？」と深く考え過ぎてしまいます。緊張から上手く話せなかったりすると、今度は「ダメだ、きっと馬鹿にされている」「こんな調子ではなめられてしまうに違いない」などと周囲のネガティブな反応に過剰に反応してしまうのです。すると周りの人たちも「おいおい、この人大丈夫かな？」と不安に思ってしまうかもしれません。

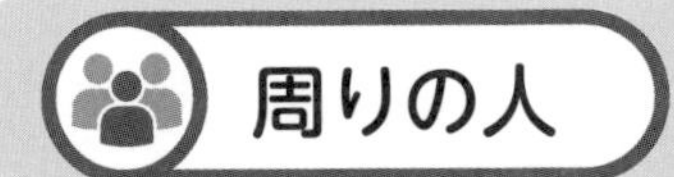

職位が上がれば上がるほど、ほかの人に指示をする場面は増えていきます。仕事をスムーズに進めるためには、適切な指示出しが欠かせません。ところがHSPの中には、指示出しを苦手とする人も多いのです。指示を出さなければ仕事にならないのに、新入社員やアルバイトに対して指示を出すことを躊躇して仕事が滞ってしまうこともあります。

 HSPの人 ➡  周りの人

HSPの中には、上下関係によらない「指示」と上意下達の「命令」を何となく混同してしまっている人が少なくありません。自己肯定感が低めな一方で、HSPには特有の完璧主義があり、その上、深く考え過ぎるので「自分は人に指示を出すような身分でもないし、そんな能力もない……」と、腰が引けてしまうのです。もちろん、仕事はそこで滞ってしまいます。

指示するのが苦手なＨＳＰは、そもそも指示する側とされる側の関係を深く考えてしまいがちです。そして「相手はどう感じるだろう？」と、ますます気後れしてしまいます。

実際には、仕事で必要なことをスムーズに分担して行うために、立場上指示をすべき人が指示を出しているに過ぎません。指示をする人は別に指導的な立場でも何でもなく、たとえば若い人が現場を監督する場合でも、指示という名の「お願い」をしているのだ……ぐらいに思っておくとよいでしょう。

理解のポイント

- 考え過ぎて、人に指示を出すことに抵抗がある
- 「指示」と「命令」を混同して気後れする
- 緊張からますます負のループに

もしもあなたがHSPなら…

まず、自分が指示される側だとして、どのような指示なら気持ちよく動けるかということを考えてみましょう。そして、それを実際に自分からの指示として実践すればよいのです。ていねいな口調で、仕事の内容やその目的をきちんと説明する……など、いろいろなことを思い付くはずです。HSPならではの視点を活かした、人が嫌がらない言い方で指示出しができるでしょう。

05 聞くべきことをなかなか聞かない

過剰に気を回し過ぎてしまう

部下の中にHSPがいる、という管理職の人には、いわゆる「報連相」(報告・連絡・相談)が然るべきタイミングできちんとされないことが多いのを気にかけている人も多いかもしれません。実際、「報連相」が苦手というHSPは少なくないのです。

では、HSPはなぜ「報連相」が苦手なのでしょうか。相手の状況を深いところまで想像したり、相手の感情に敏感に反応したりするHSPは、いつも相手の顔色を窺うことになりがちです。そのため、こちらが「あの件についてそろそろ質問や相談があってもいい頃では?」と思っていても、HSPのほうでは「上司は今忙しそう……」、「機嫌が悪そうだなあ」などと気を回し過ぎて、「報連相」が遅れてしまったりします。

発達障害のひとつであるASD(自閉スペクトラム症)の人は「自分がわかっていることはほかの人もわかっている」という認知の歪みが原因で「報連相」がないことがあります。一方HSPの場合は、空気を読み過ぎたり気を遣い過ぎたりすることが多いのです。

「わからないことは人に聞く」……仕事に習熟していない若い社会人にとって、基本中の基本です。ところが、HSPにはこれが苦手という人が少なくありません。しばらく日が過ぎてから、上司がHSPの部下に進捗状況を尋ねてみると、思ったより進んでいない、ということがあります。上司は「なんで？　どうして聞いてくれなかったの？」と思ってしまうことでしょう。

HSPは、周囲の人の状況や事情などを敏感に察知します。「今は忙しそうだな……」、「今は機嫌が悪そうだな……」などと様子を窺っているうちに、相談のタイミングがどんどん後ろにずれていってしまうのです。しかし、その予測が当たっているとは限りません。そしてわからないことをいつも聞かない、ということが続くと「手がかかる人」というレッテルを貼られてしまったりします。

　ＨＳＰの多くは、一度決めたルーティンを安定的に守るのは得意です（ただしＨＳＳ型ＨＳＰは逆に変化を好むことがあります）。なので、職場にＨＳＰの部下や同僚がいる場合、「報連相」のタイミングを厳密に決めてしまうのがよいでしょう。
　また、然るべきタイミングでこちらから声かけをするのも有効です。ＨＳＰは別に「報連相」を怠けているわけではなく、空気を読み過ぎたりしてそのタイミングを計りかねていることが多いからです。こちらが話せるタイミングだとわかれば、安心して話すことができます。

理解のポイント

- 空気を読み過ぎる
- 気を回し過ぎる
- そのため「報連相」のタイミングを見失ってしまう

もしもあなたがHSPなら…

上司と相談して、「報連相」のタイミングをきちんと決めておくのが一番簡単です。一方で、上司はその時々の状況をリアルタイムで知りたがっていることも少なくありません。自分一人で「今忙しそうだから……」などと気を回すのではなく、「今ちょっとだけ大丈夫でしょうか？」といった具合に直接声をかけて確認するのが、より確実でしょう。

06 気を回し過ぎて仕事を増やしている

気が回るのも諸刃の剣になる

ＨＳＰはとにかく「気を回し過ぎる」ことが多く、そのことが疲れの原因になります。ＨＳＰは相手の表情や声の調子など、言語によらない情報から相手の感情を察知する能力に人一倍長けているためです。そのため、ＨＳＰは先回りして相手の要望以上の仕事をこなせることも多く、それで評価されたり感謝されたりすることも少なくありません。

一方で、気を回して先を読み、率先して要望以上の働きをすることで、やることを増やしてしまい、それで疲弊してしまうＨＳＰも多いのです。また、このようなタイプのＨＳＰは部下や同僚に上手に任せたり頼ったりすることが苦手だったりもします。「自分でやったほうが早い」、「向こうも忙しそうなのだから、自分で何とかしなくては」という考えが先に立つからです。気を回して先を読む能力がマイナスに働くと、本人が疲れるだけでなく、部下や後輩が育たないという弊害も出てきます。フォローが早過ぎたり、気になって何でも自分でやってしまうことで部下や後輩が成長するチャンスを奪ってしまうことにもなるからです。

「いつの間にやらあれもこれもやってくれている」……そんなHSPは、職場では頼りになる存在です。周囲はその人を高く評価する一方で、依存することにすっかり慣れてしまって、そのHSPが一人で忙しく立ち働いて実は消耗していることに気付く人は少ないかもしれません。そして、いつの間にか疲れ果て、出社できなくなってから周りはようやく気付くということも……。

HSPは、一度仕事の全体像を把握すると、細部にいたるまでよく気が付きます。一方で指示を出したりするのが苦手な特性も相まって、「自分が頑張って何とかしなくては」と思い込んで抱え込んでしまうことも少なくありません。気を回し過ぎて、本当は自分がやらなくていいことや、小さな雑事まで手を出してしまい、結局は疲れ果ててしまいます。

このようなＨＳＰは仕事で高いパフォーマンスを発揮することも多く、周囲としては悩ましいところかもしれません。しかし、本人の気を回せる能力がネガティブな結果に結び付かないよう、敢えてその気遣いをセーブしてもらうことも必要です。

具体的には、たとえばその都度仕事のチェックリストを作り、本人の抱えている仕事の進捗を確認して、余計に抱え込んでオーバーワークになりそうなところがないかをチェックしたりするのが有効です。そのため面談など、本人とのコミュニケーションを密にしておくと、仕事を抱え込むことは減っていくでしょう。ただしＨＳＳ型ＨＳＰの場合は、管理されることを嫌うため、あからさまな管理はしない方が良いでしょう。

理解のポイント

- 相手の感情を察知する能力が高い
- 先回りして高いパフォーマンスを発揮することも
- 半面、仕事を増やし過ぎて疲れてしまう

もしもあなたがHSPなら…

自分自身の仕事を全うするために「本当にしなければならないことは何だろう？」ということを、時々立ち止まって確認するようにしましょう。また、先回りして人のフォローをするのが本当に相手のためになるのかも、よく精査することが必要です。これらは、実際に紙に書き出すなどしていったん立ち止まってみて、「見える化」するようにします。実は必要ないことをやろうとしていた、ということが見えてきたりするかもしれません。

07 人のミスや間違いを知っていてもその場で言わない

「気を悪くされるのでは……」と気にしてしまう

細かなことによく気が付くＨＳＰは、ほかの人のミスや間違いにも当然よく気が付きます。ところが、気付いたとしてもそのことをその場で指摘しないことも多いのです。

最も大きな理由は、ミスや間違いを指摘すると「相手が気を悪くするのではないか」と気を回し過ぎてしまうためです。また、「自分が直しておけば角が立たないから」と考えて、実際にそのようにしている人も少なくありません。それ以外にも、ＨＳＰの「Ｄ」の特性から、その場で上手く指摘や注意をできなかったことを家に帰ってからもぐるぐると考えたりして、その間に時間が経ち過ぎて、結局機会を見失ってしまったりすることもあります。

ミスをした本人が、ＨＳＰがそのミスに気付いていたことや、黙って直していたことを後から知ったとき、感謝する人もいるかもしれませんが、逆に「なんでその場で言ってくれなかったの？」と不審に思ったり、自分のやったことを一言もなく直されたことに対して不愉快に感じたりする可能性も少なくないでしょう。

ある人が取引先に提出した資料にミスがあって、上司がカンカンに怒っています。その横にいるHSPは青ざめた顔をしています。人が怒られているのを見て落ち込んでいるというよりも、ミスに気づいていたのに、指摘しなかったことに青ざめています。HSPは、細かいところによく気づいていても、他人のミスを指摘しづらいと遠慮しているうちにタイミングを逃すなどその場で指摘しなかったようです。

周りの人

先回りして相手の顔色を窺ってしまうのは、多くのHSPに見られる悪い癖です。「ミスを指摘したりして、相手を嫌な気持ちにさせたくない」、「気を悪くされるのが怖い」という気持ちが先に立ってしまいます。このイラストのような結果になった場合、今度はちゃんと指摘できなかった自分を責めて眠れなくなってしまったりもするのです。

38ページで見たように、HSPの中には「指示すること」に萎縮してしまう人がいます。それと同様に、他人のミスをなかなか指摘できないのは、「指摘すること」を、いかにも「上から目線」に感じてしまいブレーキがかかってしまうためといえます。しかし、もしもミスが放置されれば仕事に支障が出てしまうこともあります。

そのようなHSPには、相手のミスを指摘することは仕事を円滑に進めるうえで必要なことなのだ、ということをよく説明して、上から目線で注意するのではなく、直してもらえるように「お願い」するイメージを持ってもらうようにするとよいでしょう。

理解のポイント

- 細かいことによく気が付くので、ほかの人のミスや間違いにもすぐ気付く
- 「気を悪くされるのでは?」と思ってしまう
- 黙って自分で直してしまうことも

もしもあなたがHSPなら…

誰かのミスを指摘するときには、具体的な事実と正しいやり方を簡潔に提示して、「ここはこうなので、こういうふうにしていただけると助かるんですが……」といった具合に腰を低くしてお願いするような感じにすれば、角が立ちにくいうえに気持ちよくやりとりできるでしょう。自分もミスはしますし、それをきちんと指摘してもらえずに間違えたままだったら……と想像すれば、指摘する必要性も理解できるはずです。

08 複数の仕事を同時並行できない

ひとつひとつの仕事はきちんとこなせるのに

やることがたくさんあると心がざわざわしてしまう……というHSPは少なくありません。刺激によって神経が高ぶりやすいHSPにとって、やることがたくさんあるというのはそれだけ動揺しやすくなっているといえます。また、HSPには真面目で完璧主義な人が多いので、どれもきちんとこなさなければ、と考えてしまうとますます神経が高ぶってプレッシャーに感じてしまうのです。HSPは、このような状況ではどんどん負のループにはまってしまいかねません。ちょっとしたパニックに陥ったり、フリーズしてしまったりすることもあります。

データ容量の小さいパソコンで一度にたくさんのタスクを行おうとすると、フリーズしてしまうことがあります。HSPは深く考えながら処理することが得意ですが、ひとつひとつの仕事に対するスキルは高くとも、たくさんのことを一度に進行できる仕様にはなっていない人が多いようです。しかし、事情を知らない周囲の人は、パソコンのようにフリーズしてしまったHSPを見て「何もせずにボーッとしている」と思ってしまうかもしれません。

46ページではHSPが増え過ぎた仕事を、それでもどうにか次々に回していましたが、一方でHSPは、イラストのように「何もしていない」ように見えることが少なくありません。実際にフリーズしていることもありますが、このように仕事が手につかなくなるのは、ひとつのことに深く入り込んでしまうこと以外にもいろいろな原因があります。いずれにしても周囲からは理解されづらいでしょう。

HSPが仕事の多さにフリーズしてしまうのは、まさにパソコンがフリーズする様子によく似ています。あれもやらなければ、これもやらなければ、全部きちんとやらなければ……と焦れば焦るほど、頭はオーバーヒート状態になってしまい、体も手も動かせません。時にはフリーズではなくパニック状態に陥って取り乱してしまうこともあります。

まず一番大事なことは、HSPに対して優先順位を明確にして仕事を渡すことです。業務が忙しければやることが多くなるのは当然ですが、処理能力が低いわけではないので、仕事量が多い場合は仕事を順番にひとつずつ指示するか、優先順位をはっきりさせてひとつずつクリアしてもらうようにすれば、スムーズに進められます。

その際に重要なのは、タスクを「見える化」することです。やらなければならない仕事をリスト化したりすれば、ひとつひとつに落ち着いて取り組みやすく、本来持っているよく考えて遂行するポテンシャルを発揮しやすくなります。

理解のポイント

- 刺激が多いと神経が高ぶってしまう
- 全部きちんとやらなければと思うとますますパニックに
- 周囲からは何もしていないように見えたりする

もしもあなたがHSPなら…

やるべきことをリストにしておき、済んだらチェックを入れたり線を引いて消したりする、やるべきことを付箋に書いてパソコンの周りに貼っておき、済んだらはがして捨てる……など、タスクの量ややるべき順番、それが終わっているかどうかを「見える化」するのはとても有効です。また、一度に多くのことを頼まれないように上司と調整できればそれもよいでしょう。

09 急な予定変更に動揺する

予期しない突発的な変化がとても苦手

ＨＳＰの多くは、さまざまなことを深く処理しながら、日々を暮らしています。そのため、ひとつひとつのことに集中できれば、習熟したルーティン的な仕事では高い能力を発揮することもある一方で、パッと切り替えることが苦手です。ていねいに進めてきたことが、急に中断、あるいは変更されることがあるとひどく動揺してしまいます（動揺していないように見えるかもしれませんが）。仕事をしていれば、さまざまな理由で、予定されていた何かが急に変更になることは決して少なくありません。ところが、ＨＳＰは、それに対応できずに焦って混乱してしまうことがあります。その混乱は、周囲が「たったこれだけのことで、なんでそこまで？」と思うほどです。

これは予定の変更という突然の刺激で、交感神経が過剰に優位になって興奮してしまい、理性を司る前頭葉のコントロールが追い付かなくなってしまうためではないかと考えられています。周囲が「そんなにがっかりしなくても」と思うようなことが、ＨＳＰ本人には大きなショックで、周囲を驚かせてしまうのです。

何の前触れもなしに突然起こる予定の変更……スケジュールの組み直しを意味する「リスケ」という言葉がふつうに使われているように、社会人なら別に珍しくもないことです。しかし、それに対するHSPの反応は、周囲の予想を超えていることがよくあります。場合によっては、おろおろしたり、萎えたり、またはパニック状態になり、ほかの人を驚かせてしまったりもするのです。

HSPの人 ➡ 周りの人

HSPが会議の準備を任された場合、完璧主義な特性もあり、会議室の予約に始まって、すべての準備やほかの仕事などをスケジュールに従って滞りなく遂行しようとします。イレギュラーなことがなければ、仕事はとても高水準で達成されるはずですが、そこに急な予定変更が入ると、HSPはにわかに対応しきれず、がっかりし過ぎて気持ちが萎えてしまうことが少なくありません。

急な予定変更が起こらないのが一番望ましいのですが、実際にはなかなかそういうわけにもいきません。そのため、HSP本人には「一人で抱え込まずに、困ったことが起こったらすぐに相談して欲しい」と伝えることが大切です。そして予定が変更になった際の次善のプランをわかっている範囲で前もって提示しておくと安心です。

心の準備ができていれば、そして、困ったときに誰かに相談できることがわかっていれば、たとえ本当に予定の変更が起きたとしても、それは突発的な出来事ということにはならないので、HSPの動揺はそれほど大きくはなりません。

理解のポイント

- 深く処理できる状況では高い能力を発揮する
- 急な予定変更や中断に弱く、動揺してしまう
- 強い刺激に対する興奮をコントロールしきれない

もしもあなたがHSPなら…

急な予定変更が起こる可能性は、言うまでもなく想定していることと思います。そうは言っても、実際にそれまで熱意を持って進めていたことが中断したり、中止になったりしたらガッカリしますよね。強い動揺を感じた時は、人から離れて少し落ち着くよう意識しましょう。

10 仕事を一人で抱える

断れない・頼めないの行き着く先は……

「頼み事を断れない」、「指示を出すのが苦手」、「気を回し過ぎて、同僚に頼んだり後輩に任せたりが上手くできない」、「人のミスを知っていてもその場で指摘できない」……今までに取り上げてきたいくつかのシーンの結果、HSPが最終的に陥りやすい状況のひとつに「仕事を一人で抱え込んでしまう」ということがあります。

周囲からは「頼めば何でもやってくれる人」として認識され、反対に自分からは頼み事をしたり上手く指示を出したりできず、部下や後輩に任せることができずにフォローが早過ぎたりやってあげてしまったりする、人のミスを指摘できずにこっそり自分で直してしまう……これらにはHSPの「D」と「E」の特性が大きくかかわっていて、頼み事をしてくる相手の状況を深読みしたり、断りを入れたり指示を出したりミスを指摘したりすることで相手に嫌われたくないという気持ちが先に立ったりしているのです。結果、忙しくなり過ぎて体を壊してしまったりすることもあります。

このようなHSPは、46ページの例と同様に、周囲から見ると頼りになる存在です。頼めば何でもやってくれて、いつでもそれなりの成果も出してくれるのですから、職場にとってこれほど心強く、ありがたい存在はいません。一方でHSP本人は山のような仕事を傷つきながらも一人で抱え込んで消耗しています。しかしそのことに気付く人は少ないかもしれません。

周りの人

このようなHSPは、周囲からはスーパーマンのように見られることがありますが、実は本人も過剰な完璧主義や「べき思考」のために、自分自身にスーパーマンのような働きを課してしまっていることが少なくありません。「べき思考」に加え、人の事情を慮って「人に頼めない・頼れない」という特性も発動し、一人で抱え込むハメになってしまうのです。

このようなＨＳＰには、仕事はチームで回していくもので、何事も持ちつ持たれつ、一人で抱える必要はないのだということを共有するようにしましょう。また、上司はＨＳＰが一人で仕事を抱え込んでいないかをできるだけチェックしておくとよいでしょう。

周囲には「何を頼んでもニコニコ引き受けてくれているけど、本当に大丈夫なのかな？」と気遣う視点があるとよいです。このタイプのＨＳＰは、疲れ果てた末にいきなり辞めてしまったりすることも少なくありません。ＨＳＰ本人も、なぜ辞めたくなるのかがはっきりわかっていないこともあります。

理解のポイント

- 断ったり自分から頼んだりが苦手
- 相手に嫌われたくないという気持ちが強く出てしまう
- 体を壊してしまうことも

もしもあなたがHSPなら…

「断ったら嫌われるのでは」「人一倍頑張らないと人に好かれない」……これらは自己肯定感の低さからくるマイナスの思い込みです。「私が頑張らなければ」と一人で抱え込んでしまうのが本当に自分の価値観に合った本来の働き方なのか、一度冷静に考えてみましょう。断ったり、抱え込まないで相手と話し合って調整したりする必要性も理解できるはずです。

11 人のことばかり手伝って仕事の進みが遅い

自分の仕事が後回しになってしまう

ＨＳＰは、常に周囲の様子を無意識に気にかけています。そして、自分の仕事だけではなく周囲の仕事がどのように進んでいるか、進むべきなのかについても、とてもよく気が付くのです。頼み事を断れないＨＳＰですが、その一方で頼まれなくても周囲のフォローに回っていることがよくあります。これも、ＨＳＰが仕事をやたらに増やしてしまったり抱え込んでしまったりする原因です。その結果、心身の調子を崩したり、「自分の仕事が進まない」という事態に陥ることがあります。

手伝ってもらえることが常態化することで、周囲のＨＳＰへの感謝の気持ちが薄れてしまいます。相手が気付かないうちにフォローしているような場合は、そもそも相手はこちらに感謝のしようもありません。一方、周囲の判断や評価のポイントは、あくまでも本人が本来やるべき仕事の成果にあります。結局周囲からは、「何だか仕事が遅いみたいだけど？」と思われてしまうことになりかねないのです。これでは骨折り損、ともいえるでしょう。

この場面でHSP自身の仕事が進んでいないのは、後輩のフォローに時間を割き過ぎているせいです。しかし、ここでそのことに気が付いているのは、当のHSP本人と後輩だけかもしれません。このように、いろいろと気を回し過ぎるHSPがほかの人の仕事まで引き受け過ぎると、自分の仕事が進まない……ということが起こります。

人のことを手伝っているうちに自分の仕事が滞ってしまうのは、HSPには珍しくありません。仕事の段取りには人一倍余念のないのがHSPの特性ですが、一方でほかの人の仕事の進捗まで気にかけたりすることも多く面倒見が良いと思われています。しかし、その一方で気が付くと自分の仕事がにっちもさっちもいかなくなっていたりするのです。

62ページと同様、このような場合も上司や同僚のチェックや配慮があるとよいです。できれば、本人にやるべきことを書き出してもらい、進捗状況も「見える化」して、ほかの人のフォローをしている間に自分の仕事がおろそかになっていないかを確認しながら仕事を進めてもらうようにしましょう。

HSPがほかの人をフォローするのは、その仕事を深く理解して、仕事の全体像が俯瞰で把握できているからでもあります。自分の仕事が滞らない範囲で助言してもらったりするのは大いにアリでしょう。

理解のポイント

- 周りの人の仕事の進捗などにもよく気が付く
- 頼まれるだけでなく、自分からフォローに回ることも多い
- 自分の仕事が遅れてしまう

もしもあなたがHSPなら…

自分の今やっていること、やるべきことを付箋やToDoリストに書いて、見えるところに貼っておき、そこから意識が離れ過ぎないように心がけておきましょう。また、ほかの人の仕事の進め方が自分の思うのと違っていたとしても、その人に合ったそれぞれの進め方やペースがあったりします。部下や後輩の場合は、成長のためと考え敢えて試行錯誤してもらうのも必要なものです。

12 人前で話をするのが苦手過ぎる

考え過ぎてしどろもどろに

友人たちとのおしゃべりでは多弁な人でも、大勢を前にしたプレゼンなどでは、緊張しない人のほうが少ないのではないでしょうか。ＨＳＰの場合はなおさらです。

ＨＳＰが人前で話すときに過度に緊張するのは、「Ｄ」と「Ｏ」の特性により、先読みしすぎてしまうことが大きく影響しています。「うわあ、緊張するなあ、上手く話せなかったらどうしよう」というのは誰でも思うことですが、ＨＳＰの場合は自分をどう思うだろうか、話の内容や話し方にがっかりされるんじゃないか？そんなに緊張するなんて変だ……など、先の先まで考えが巡ってしまい、自ら緊張を増幅させてしまうのです。結果として、事前に十分に準備していたはずなのに、しどろもどろのプレゼンになってしまいます。周囲の人に、「どうした？」と驚かれてしまうでしょう。

HSPには聞き上手が多い一方で、自分から話すのは苦手……という人が少なくありません。周囲からは何でもないこと、と思われるような場面でも、場が多少なりともあらたまっていたりすると、ふだんは明るく社交的と思われている人であっても、不必要なまでに固まっています。周囲には「いつもは普通に話せてるのにそこまで緊張する？」と不思議がられてしまいます。

HSPの人 ➡ 周りの人

もちろん周囲の人はこんなことは言っていません。ただHSPの中ではこう感じられてしまうのです。そのため「どうしたら効果的に話を伝えられるか」以前に、「上手く話せなかったらどうしよう」という不安が先に立ってしまうのです。朝礼のスピーチが出てこなくなるくらいならまだしも、たとえば重要なプレゼンなどであれば、上手く話せなかったその先までをも過度に意識してしまいます。

HSPが人前で話すときに、緊張しそうだと思ったら、どんなに小さな場であったとしても、ちょっとだけでも準備を手伝ってあげることをお勧めします。HSPがいったん過度に意識し始めてしまうと、他者からの励ましは耳に入ってきにくくなります。そのため、話す直前であっても、メモに要点を箇条書きしてもらったり、その要点を一緒に見て確認してあげると、緊張はコントロールできるはずです。たとえば、「どんなことを話す予定なの?」のように聞いてみるなどするとよいです。

理解のポイント

- 「上手く話せなかったら……」ということの先の先まで読んでしまう
- そのことで過剰に緊張を高ぶらせてしまう
- 結果として話がしどろもどろに

もしもあなたがHSPなら…

人前で話すことに自信をつけるための方法として、事前に準備しておくこと以外に、HSPにも有効なのは、大きい筋肉を動かしたり、吐く息を意識した深呼吸をしたり、緊張に効果がある栄養成分(サプリメント)を活用したりすることです。大きい筋肉を動かすとは、緊張し始めたときに近くをダッシュしたり、ストレッチしたりすることです。試してみてください。

13 ソワソワと落ち着きがないときがある

光や小さな音などがどうにも気になってしまう

HSPの様子を見ていると、ソワソワと落ち着きなく見えるときがあります。さまざまな理由がありますが、大きなもののひとつが、光の強さや周囲の小さな物音などが過剰に気になってしまっている場合です。

これにはHSPの「S」の特性が大きくかかわっています。HSPは細かいことがとても気になるのです。科学的にはまだ研究の途上ですが、HSPは脳の扁桃体の働きが通常より活発なためではないかと考えられています。

時計の音、エアコンの作動する音、周囲の人の話し声、足音、パソコンのキーボードを叩く音、照明の強さ、そして湿度や気圧のちょっとした変化……など、周りの誰もが気にならないようなことが、HSPには気にかかってしまいます。そのため自分が本来やるべきことに注意が向けられず、周囲からは、わけもなくソワソワしていたり、硬い表情で手が止まったりしているように見えるため不審に思われてしまうことがあります。

周りの人にとっては別に何も感じない環境でもHSPにとっては刺激が強過ぎるということがあります。HSPはさまざまな刺激に敏感に反応してしまい感覚過敏気味です。光や音や匂い、気温や湿度や気圧など、さまざまなことが気になってしまうのですが、その姿が時には、周囲からは落ち着きがなく見えたり、仕事や、やるべきことの妨げになったりします。

光や音や匂いなどさまざまな細かい刺激に過敏に反応してしまうHSPは、それらのことに意識がとらわれていることがあります。そのため、目の前の仕事に集中することができず意識が散漫になりがちです。各種の感覚過敏は他の要因が影響している可能性もありますので、もし気になる度合いが強いと感じた場合は、専門の医療機関に相談するとよいでしょう。

職場の状況にもよりますが、ノイズキャンセリングタイプのイヤホンや耳栓を着用してもらう、デスクをエアコンなどから離れたところにする、パーテーションを設置する、カチコチという音の出ない時計にする……などの対策が考えられます。HSPの困りごとが「わがまま」のように感じられたりする場合は、話し合えるとよいですね。相手がHSPに限らず、「自分は気にならないから」という理由で、この社会のさまざまな人の感覚に目をつぶってしまうことにならないようにしたいものです。

理解のポイント

- 光の強さや小さな物音などが気になって仕方ない
- 本来やるべきことに集中できない
- 「落ち着きなく見えるけど、どうした？」と聞いてみるとよい

もしもあなたがHSPなら…

ストレスが大きかったりしてコンディションが悪いときには物音などが余計に気になります。せめて自宅ではリラックスできるよう心がけましょう。たとえばハーブなど、五感に働きかけるものを毎日の生活に取り入れるのもおすすめです。カモミールやジャスミン、レモンバーム、ミント、クローブ、フェンネルなどは自律神経を安定させ、ストレス緩和作用や抗うつ作用でも高い効果が認められています。

14 チャレンジに消極的

考え過ぎて一歩が踏み出せない

ＨＳＰには、新たなチャレンジをしたがらない、またはしようと思ってもなかなかできない人が少なくありません。これはＨＳＰの「Ｄ」の特性がかかわっています。

ＨＳＰが新しいことに挑戦する可能性を考えるときには、「Ｄ」の特性からそのことについてとても深く考えます。その結果、時間が経ち過ぎて挑戦の機会を逃してしまうことが少なくありません。また、あらゆる情報を集めてあらゆる可能性を慎重に検討しているうちに、デメリットや失敗する可能性などが気になり始めてしまいます。そこからいったんは、やらないと決め、でも後になって「やはりあのときにやっておけばよかった」、「せっかくのチャンスを無駄にしてしまった」と自分を責めてしまいます。

また、たとえば仕事で抜擢されるようなことがあったとしてもマイナス思考が先に立ってしまい、「私なんかにはとても無理です！」としり込みしてしまうこともあるかと思います。あまりにも慎重過ぎたりネガティブ過ぎたりすると周囲の人たちとギクシャクしてしまうかもしれません。

リーダーへの抜擢……出世のチャンスです。周囲は当然、目を輝かせて引き受けるだろうと期待している場面です。しかしHSP本人は黙考モードに入ってしまいました。周りの人は不可解に思うでしょうし、断ってしまうとしたらネガティブ過ぎる態度に呆れられたり、評価が下がってしまったりすることにもなりかねません。

HSPの人

周りの人

「石橋を叩いて、結局渡らない」行動は、HSPによく見られます。上手くいく可能性や上手くいかない可能性などをあらゆる角度から検討する一方で、自己イメージ（認知）の歪みからくるマイナス思考が決断を邪魔するのです。そして少ない情報だけで決定をくだそうとする無茶をして失敗してしまうこともあります。決められない時は、本当に必要だと思う情報を集めるようにしたいものです。

業務上、新しいことにチャレンジしてもらわなければならない場面で、決定を先延ばしにされ続けたりチャレンジを断られたりでは仕事が回りません。

ＨＳＰ本人が何かネガティブな要素を心配しているときは、逆にそのことが何かに活かせるのではないか、学ぶべきところがあるのではないか、というところを改めて深く考えてもらうと、そこからポジティブな考えに転換できることがあります。これは「リフレーミング」のひとつです。また、「君ならできる！」と思う理由を含めて伝えることも有効です。

理解のポイント

- 慎重に考え過ぎて機会を逃してしまう
- デメリットやマイナスの面などが気になり過ぎてしまう
- 深く考え過ぎて踏み出せない

もしもあなたがHSPなら…

HSPは決断に必要な情報を収集せず決めてしまうことがあります。必要な情報なのに「それは他人には聞いてはいけないのではないか」と敬遠してしまうためです。決断に必要な情報は聞けそうな人に聞きタイミングを逃さず決めることもHSPの人生には必要なスキルです。また、チャレンジするメリットとデメリットを並べて書き出してみたり、経験者に話を聞いて情報収集して具体的なイメージを持つと、決めやすくなります。

15 周りの目を気にし過ぎている

見られているはずはないのに、気になってしまう

人の目を過剰に気にしてしまうのは、HSPによくあります。これはHSPの「O」の特性がかかわっています。

HSPは、「見られている」と感じると、過度に緊張してしまいます。そして「頑張らなくては」「失敗しないようにしなくては」という気持ちが大きくなり過ぎ、かえって集中できなかったりするのです。さらに、実際に見られているわけではなくても、「見られているかもしれない」と気にしたり、場合によっては「見られているかどうか」ということばかりに意識が持っていかれて、目の前のことに上の空になってしまったりします。

また、このようなHSPの中には、職場で周りの人たちが何か話していると、「ひょっとして自分の噂話をしているのでは……？」と気になって仕方ない、という人も少なくありません。周囲の人たちはそのことには気付かないでしょうが、もしも知られたら「ちょっと、自意識過剰なんじゃないの……？」と思われてしまうかもしれません。

朝、始業前の何気ない雑談は日常風景です。ところがそこに出勤してきたHSPは顔を曇らせてしまいました。HSPがひそかに「自分の噂話をしているのかな？」と思ってしまっていることは、もちろん周囲は気付いていません。しかし、常に周りの空気を敏感に察知しているHSPにとっては、噂話ひとつとっても自分に置き換えてしまうことがあるのです。

もちろん周りの人はHSPを笑っていたわけではありません。HSPは「周囲に悪口を言われている」という誤認をしており、それを気に病んで「なぜそんなことを言われているか」という理由をぐるぐると想像してしまったりします。そして、HSPの場合、「こんなふうに思ってしまう自分はおかしいのではないか」と自分を責めてしまいます。

このように、周りの人の目が気になりすぎている場合、普段からパーテーションを使うことなどで、ある程度「見られている」という感覚を緩和することが可能です。ただ、「見られているかもしれない」、「噂話をされているかもしれない」などという本人の過剰な疑念に対しては、周囲が対策できることはそう多くないかもしれません。本人がそう思っているだけで口に出さなければ、こちらで察知することは困難だからです。

もし本人からそのように思っていることが明らかにされた場合は、まずは適切なカウンセリングを受けることなどを勧めたほうがよいでしょう。

理解のポイント

- 「見られている」と思うと緊張する
- 「見られているかどうか」が気になってしまう
- 自分のことが噂されていないかと気になってしまう

もしもあなたがHSPなら…

もしも職場でパーテーションやノイズキャンセリングタイプのイヤホン、耳栓などの使用が許可されるようであれば、必要に応じて使ったほうがよいでしょう。また、職場で気を張っている分、自宅ではリラックスすることがとても重要です。体調不良や睡眠不足は、人からどう見られているかが気になるという認知の強度に対して、かなり影響しますので、生活のリズムを整えて体調にも気を配りましょう。

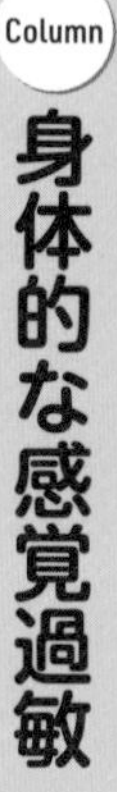

Column 身体的な感覚過敏

◉触れられることを嫌う場合も

さまざまな感覚刺激に敏感に反応してしまうHSPには、身体的に何らかの感覚過敏が見られることがよくあります。3章以降でも説明していますが、視覚や聴覚や嗅覚などが過敏な場合は、目に入るもの、耳に聞こえてくるもの、匂い、あるいは温度や湿度の変化……などが過度に気になってしまい、本来やらなければならない作業に集中することができなかったりするのです。

「触覚過敏」も少なくありません。これは特定の手触りや感触などが苦手だったり、逆に過度に好んだりすることも見られます。中には他人に触れられるのを極度に苦手とする人もいて、恋愛関係ではトラブルのもとになったりするのです。また、味覚の過敏は偏食に結び付きますが、これも単に「味」そのものだけではなく、食材の形や色といった見た目、食感など、さまざまな要素が好き・嫌いに影響していると考えられます。

実はこれらの感覚過敏は、発達障害の人にもよく見られる特性です。1章で、気質であるHSPと、医学的な診断基準がはっきりしている障害のひとつである発達障害は「似て非なるもの」と書きましたが、神経科学者のビアンカ・P・アセヴェド博士がエレイン・アーロン博士らと共同で行った調査では、HSPと発達障害の人では、脳の「島皮質」という部位の働きが違っているのではないかとされています。ただしこの調査ではサンプルが少なく、確実なところはまだわかっていません。HSPと発達障害の違いに対する科学的な検証は、今後の研究が待たれるところです。

第3章

気疲れマックスの対人関係編

日々を暮らすだけで疲れてしまうHSP

HSPは、対人関係にも困難を感じていることが少なくありません。「D」の特性で人生や世の中について深く考えることが多くあり、自分の持っている問題意識や理想などを周囲に話すと「あー、意識高い系なんだね……」と引かれてしまったりすることがあります。それ以前に「E」の特性で空気を読み過ぎ、「こんなことを言ったら引かれてしまうのでは……」と考えて、自分の考えや意見を表に出さないままでいる人も多いのです。

「S」の特性で何事も細部によく気が付くことが多いので、たとえば家に友だちが来る、となったりするともう大変です。部屋の掃除から料理の用意まで完璧に準備しておかないと落ち着かず、人が来る前にぐったり疲れてしまうのです。HSS型HSPの場合であれば、自分から刺激を求めて外に出ていきますが、「O」の特性で刺激に圧倒され気分が乱高下して、疲れたり自己否定したりしてしまいがちです。

このようなHSPの特性・個性は、一昔前なら「変わった人」、「よくわからない人」、「気にしい（気にする）な人」などと思われてしまいやすいので、HSPは周囲から浮かないようにさまざまなことに気を遣い、ドキドキしながら過ごしています。

エレイン・アーロン博士がHSPという概念を提唱してから30年近く経ち、今ではHSPという言葉もかなりポピュラーになってきていますが、現在でも「HSPはただのわがまま」、「HSPは甘え」などととらえられることも多く、世の中に十分に理解されているとは言い難い状況です。

しかし、HSPに関する理解がさらに広まり、HSP自身も自らの扱い方に習熟していけば、HSPの当事者も、そしてその周囲も、何でもない日常の中でお互いに、スムーズな対人関係を構築していくことがもっとラクになるかもしれません。

△何事も深く考える「D」の特性と、共感能力が高い「E」の特性から聞き役として重宝されやすい。

△騒がしく、あまり深く考えないでやり取りを交わす大人数の飲み会など刺激の多い場所は、本当は苦手。

01

雑談が苦手

会話に「意味」や「目的」を求めがち

HSPには、雑談が苦手という人が少なくありません。何でも深く受け止め考えるHSPにとって、「他愛ない会話」というのは逆にハードルが高くなることがあります。

最近はあちこちで大きな自然災害が続いています。知人が「芸能人の○○が、台湾東部沖地震の被災地に寄付したんだって、凄いねえ」と何の気なしに話したのに対して、あるHSPは「自分の国の、能登の被災地や全国の福祉事業所に寄付をすればいいのに。足元を見ていないなんて、浅はかだ……」と、独自の考えがどんどん湧き出てきました。しかし、その場が白けてしまうのではと思い、愛想笑いをしながら、心の中で「世間話」ができないことに自己嫌悪したといいます。あらゆる会話に「意味」や「目的」を求めがちなHSPは、特にオチのないような、何気ない会話がかえって難しいこともあり、政治や人生などについて深く考え、語りたいというHSPも少なくありません。一方で深く考え過ぎる自分の話はライトな会話の中では敬遠されるといった距離感もわかっているため、「自分の話なんか……」と、話を聞いてもらうことを最初から諦めている人もいます。

本当に何でもないような雑談の場で、HSPの「ノリの悪さ」が明らかになることがあります。冗談交じりの他愛ない話……と笑って済ませることが、HSPにはどうにも苦手なのです。いちいち考え込んでいるHSPの表情や態度などを見ていると、周囲は「どうしたのかな？　何かあるのかな？」と何となくモヤモヤすることもあるかもしれません。

周りの人

このような場では、HSPは話題について真面目に掘り下げて話したくなってしまうことがよくあります。しかし、ここでそのような話をすると、彼氏についての他愛ない話題からどんどん離れていってしまいそうです。慎重に空気を読むHSPは愛想笑いをしながら、心の中では気軽に世間話のできない自分を責めてしまっていたりします。

このようなときにＨＳＰが話す内容は、世間一般でいう「雑談」の範囲を超えてしまっていることが少なくありません。

ＨＳＰが難しい話を始めたな、と思ったときは、何気なく会話をライトな方向に戻すのもよいでしょう。

場合によっては、「……ところで最近○○の調子はどう？」など、やんわりと話題を変えながら質問を投げて、雑談に戻すのもよいかもしれません。

理解のポイント

- 会話に「意味」や「目的」を求める
- 話すなら深い内容を話したいと思う
- 自分の話は人に聞いてもらえないのでは？ とネガティブに考えていることも

もしもあなたがHSPなら…

雑談で「上手い返しができない」と悩むHSPは少なくありませんが、まずは笑顔であいづちを打つ、聞き役に徹することで、十分会話ができていると思って構いません。気軽な雑談の場では、そもそも相手は自分の言うことをそんなに真剣には聞いていないですし、みんながみんな、饒舌に場に参加しているわけでもありません。もし、もっとライトな会話がうまくできたらなぁと思った場合は、会話がうまいと思う人の真似をしてみましょう。

02 愚痴聞き役になっている

聞き役として優秀なことが裏目に出る

ＨＳＰには聞き上手の人が多いです。心理学やカウンセリングの現場で使われる「傾聴」という言葉があります。ＨＳＰには、特に専門的な訓練を受けていなくても、傾聴が上手にできる人が少なくありません。しかも相手の感情に対する共感力が強いので、話し手は深く共感してもらえているのを感じながら、気分よく話を進められるのです。

しかし、34ページでも説明した通り、当のＨＳＰにとってはそれが苦しいことがよくあります。特に愚痴の聞き役に回ってしまったときです。愚痴を聞くのが本当はイヤだとしても、「話をしたそうだな。自分が聞いてあげなければ……」、「話の腰を折るのは、せっかく気分よく話しているのに悪いな……」と話を遮れなくなり、無理して聞き続けてしまいます。そして、相手の感情に強く共鳴・共感するので、相手の話を聞き続けることで気持ちがすっかり疲れてしまい、ぐったり……ということになりかねません。

HSPを相手に、ジョッキ片手に愚痴をこぼしている男性。こういうときのHSPはとても聞き上手です。ここで描かれているHSPも適度なあいづちを挟み、自分ごとのように感じながら聞き役に回っています。自分の話をいつでも真摯に聞いてくれるHSPを相手に、男性がジョッキを重ねつつ話が進んでいく……ように見えます。

聞き上手なHSPですが、本人も周りの人同様、いえそれ以上にストレスを抱えてしまいます。たまには自分も愚痴を吐露したいところですが、いったん聞き役に回ってしまうと相手の勢いに圧倒されてしまうばかりで、そのまま聞き役に終始してしまいます。共感力が強く聞き上手な「E」の特性が裏目に出て、疲れてしまうのです。

ＨＳＰが喜んで聞いてくれているように見えるため、周囲の人がＨＳＰの疲れに気付いてあげられる可能性も少ないかもしれません。そして当のＨＳＰは愚痴を聞くことで相手が喜んでくれているので、困りつつも嬉しく感じてもいます。

もし実際にこのようなことで困っているＨＳＰに気付いたら、下の「もしもあなたがＨＳＰなら……」に書いてあることをアドバイスして、本人自身で対策してもらうことができるでしょう。

理解のポイント

- ＨＳＰには聞き上手が多い
- 「私が聞いてあげなければ……」と思ってしまう
- 愚痴を聞きながら相手の気持ちに同調して、疲れてしまう

もしもあなたがHSPなら…

相手に直接「そうだよね。大変なんだよね。もっと聞いてあげたいのはやまやまなんだけど、でもそろそろ切り上げようか」と言ってしまうのが、一番効果的です。相手も大抵わかってくれます。気後れして言いにくい場合は、相手が話し始めると同時に「あ、今ちょっと……」とトイレに立ったり、「すみません、今、手が空かないからちょっと後でもいいですか？」とタイミングをずらしたり……と、いくつかの手が考えられるでしょう。

03 いつも疲れている

HSPの特性は疲れやすさに直結している

頼まれ事を無理して引き受けてしまう、他人のマイナスの感情に同調して落ち込んでしまう、周囲の人の状況などを敏感に察知する、いろいろと気を回し過ぎてしまう、やることが多いと心がざわざわする、人前で話そうとするといろいろなことが気になってしまう、周囲の刺激に過剰に反応してしまう、周囲の目を必要以上に気にしてしまう、愚痴の聞き役に回って心がすり減る……これまでに説明してきたHSPの特徴から、誰もが簡単に想像できるでしょう。HSPはとても疲れやすく、そして実際、いつも疲れています。

HSPの気の回し方は、周囲の想像を超えている場合があります。そのために、たとえば気心が知れていると思われる友人たちと過ごす場合でも、一緒に楽しく過ごせる時間には限界があったりするのです。そしてそのようなときでも、HSPは「疲れちゃうなぁ……皆に合わせて楽しみたいけど、一緒に楽しく過ごせなくて申し訳ない、自分はダメな人間だ……」と、自分を責めがちになります。周囲は心配すると同時に、ときには不可解に思ったりするかもしれません。

疲れているお母さんを気遣うお父さんと、お義母さん……家族が疲れているときに協力し合うのは当然で、2人に甘えてもよさそうですが、HSPのお母さんは申し訳なさそうにしています。HSPは気を遣うことが多いので、周りの人からすれば「そこまで疲れるか？」と思われたり、「別にそれなら無理しないであれこれ考えずに頼ればいいのに」と思われたりしています。

HSPは、いつでも自分の中でいろいろなことを深く処理し続けています。ひとつひとつのことをやれる能力があっても、やることがたくさんあると、そんなふうにすぐに自分の心の容量がオーバーして、疲れてしまうのです。そして、すぐに疲れてしまう自分のことを責めてしまう気持ちも大きくなり、そのことでもさらに疲れてしまったりします。

ＨＳＰの疲れやすさは、付き合っていればすぐに明らかになります。そのような場合は、単に「人一倍疲れやすい友人」と、気遣いながらも割り切って接するのが、ＨＳＰの当事者も周囲もストレスが少なく過ごせることでしょう。

気心の知れた友人同士で行動する場合でも、いつ何時も、何があっても一緒に同じペースで行動することを強いるのではなく、ときにはＨＳＰが一人で落ち着いて過ごせる時間を確保すること、時間に余裕を持って行動すること……それは、ＨＳＰ以外の人にもきっと役立つはずです。

理解のポイント

- ＨＳＰの特性の多くが疲れに結び付く
- 楽しいときでも疲れてしまう
- 疲れやすさを気に病んで自分自身を責めてしまうことも

もしもあなたがHSPなら…

開き直って、周囲に「疲れやすいキャラ」をアピールしてしまうのが、意外と得策かもしれません。HSPが疲れやすいのは周囲、特に近しい友人などが見ていればかなりはっきりわかることなので、スムーズに理解してもらえることが多いはずです。また、外出や旅行などの際に「一緒のペースで過ごせるのは何時頃までかなぁ」と、あらかじめ伝えておいてもよいでしょう。

04 人に頼れない

「自分が頑張らなくては」と思いすぎる

HSPの多くは、気軽に人に頼ることができません。常に相手の感情や事情を敏感に察知して気を回し、他人にわかってもらえる気がしないと考える傾向も合わさって「周りには迷惑をかけないようにしないと」、「自分なんかのために人の手を煩わせるわけにはいかない」、「頼んだりしたら気を悪くされるのではないか」、「自分が頑張らなければ」と一人で考えてしまいがちだからです。

このことはHSPが一人で仕事を抱え込んでしまう大きな原因ですが、仕事以外の場面でも、HSPは苦しいときや悩んでいるときに人に打ち明けたり相談したりすることや、ほんのちょっとしたことでも人に何かを頼んだりするのがとても苦手です。また、周囲を不快にさせまいと気を遣い、弱い自分を見せることを恥じる気持ちも強いので、「人に頼ってはいけない、自分で何とかしなくては……」と一人で苦しみながら頑張ってしまい、疲れ果ててしまいます。友人たちがそのようなHSPを見ると、「友達なんだから頼ってくれてもいいのに……」と、歯がゆく感じてしまうかもしれません。

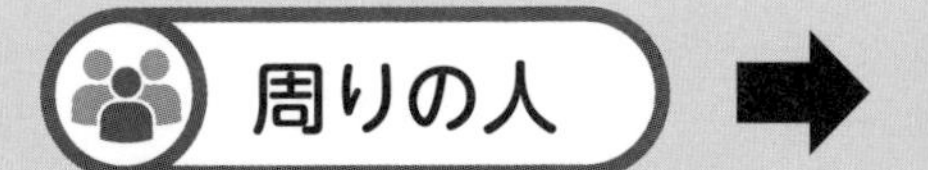

疲れていたり具合が悪かったりするHSPの様子は、周囲も気付いたりするものです。しかし当のHSPは、自分の不調を素直に表明して、人に頼る……ということが、なかなかできません。ここでもHSPのお母さんは頼りたい気持ちを抑え込んでしまっています。お父さんは釈然としないながらも仕事に遅れるわけにもいかず、そのままになってしまうでしょう。

 HSPの人 ➡  周りの人

運命共同体ともいえる夫婦の間でも、片方がHSPの場合、このようなことは決して珍しくありません。夫にさえ頼ることを遠慮してしまうのですから、ほかの人ではなおさらです。しかし「人に頼ってはいけない、自分で何とかしなくては」というのも、非HSPからしてみたら、へりくだり過ぎていると感じられるものです。考え直さなければならない悪しき「べき思考」のひとつといえるでしょう。

一般的には自分の身近な人たち同士が何かと頼ったり頼られたりすることは別に珍しくも何ともありません。こちらが頼っているのだからＨＳＰのほうからも頼ってくれて全然ＯＫ……というのを、積極的に伝えるようにしてみましょう。
人間関係は、ときに迷惑をかけてしまったりすることも含めて「お互いさま」です。「人に頼ってはいけない、自分で何とかしなくては」というのがＨＳＰのマイナスの思い込みであることをわかってもらえるとよいでしょう。

理解のポイント

- 周囲に気を遣い過ぎてしまう
- 自己肯定感が低く、「自分なんかのために」と考えてしまう
- 弱い自分を見せるのを恥じる気持ちが強い

もしもあなたがHSPなら…

人間には、誰かに頼られると助けたくなる、応じたくなる心の仕組みが備わっていて、これは心理学の研究でも実証されています（返報性の原理）。つまり大抵の場合、頼れば助けてもらえるものなのです。それでも頼ったり頼み事をしたりすることに躊躇する人は、まずは小さなことからお願いしていき、それを積み重ねることで人に頼る経験を増やしていくとよいでしょう。

05 いつもオドオドしている

他者の評価で自己肯定感を確かめる

HSPには、いつもオドオドして見える人が少なくありません。それは、自分に自信がないからです。では、なぜ自分に自信がないのでしょうか。それは、人との感じ方の違いがあるためです。子どもの頃から感じ方を変えようとしてきたとしても、そうできないことを自分の力不足、努力不足であると気に病んで、文字通り「自」分を「信」じることができずにいるのです。それで、自分ではなく、他人の評価に過剰に依存しています。

HSPが頼み事を断れなかったり仕事を一人で抱え込み過ぎたりするのも、これが大きくかかわっています。自分の感じ方や考え方に自信を持ちづらいHSPは、他者の評価で自分のやったことが正しかったかどうかを確かめるので、周りの評価を得るために頑張り過ぎてしまいがちなのです。

世間とのギャップに悩み続けてきたHSPには、自分自身のために生きる、自分自身を拠りどころにするという意識が欠けてしまいがちです。しかも、周囲の評価を上げることに頼るHSPは、周りの人たちからは「主体性のない人」と見られてしまうかもしれません。

話しかけただけでいきなりビクッとする、普通にしているようでいて何だかオドオドと挙動不審……こういうタイプの人を見たことがある、接したことがある、という人は少なくないでしょう。そのような人を見て、何となくイライラした気分になった人もいるかもしれません。そのような相手が実はHSPだった、という可能性は決して低くありません。

このイラストのように、HSPには「他人からどう思われるか」を極度に気にして、他人の顔色を窺うようにオドオドしている人が少なくありません。それはHSPが、周囲に嫌われたくない、変なやつだと思われたくない……などと、他者の評価を判断基準にしてしまっていることが多いからです。多くの場合、それまでの成育歴が影響しています。

自信がなく、他人の評価を気にしがちなHSPに対しては、「どう思う？」と意見を聞いてみましょう。そのうえで、「そう感じるんだね」とHSPの感じ方を認めていくことができるとよいです。「それって他人の評価に依存させることじゃないの？」と思われるかもしれませんが、HSPの感じ方を承認するこうしたやりとりは、「あなたのことをきちんと認めている」というメッセージになり、本人の自信になります。

また、世の中には完璧な人間などおらず、失敗してもダメなところがあっても生きていていいのだ、と改めて話してみるのもよいでしょう。

理解のポイント

- HSPは自分に自信が持てない
- 他人の評価にばかり依存してしまう
- 周囲からは自分のない「主体性のない人」と見られてしまう

もしもあなたがHSPなら…

他人の評価に依存しなくなるためには、自分を認めることが大切です。HSPは「べき思考」が強く、「こうあらねば」と思い込みがちですが、自分に対する評価をすぐに変えることは難しいです。でも、もし今の自分がダメだと思っても、いったんそれを認めたうえで「今はダメだけどいつかは……」と、自分自身を長い目で見てあげましょう。趣味や得意なことに打ち込むのもおすすめです。

06

誰にでもいい顔をする

何となく迎合しているように見えてしまう

周囲の人たちから「あの人は誰にでもいい顔をする、一体何を考えているのか」……と思われてしまうＨＳＰがいます。人間関係の中で自分を抑え込みがちなＨＳＰの中には、周囲の顔色を窺うあまりに自分の考えを持てなくなってしまう人もいますし（１３０ページ参照）、誰の意見にも何となく同調・迎合してしまうような人も少なからず見られるのです。

これはそのＨＳＰの自信がなく、自己肯定感を他人の評価からしか得られないということもありますが、もうひとつ、「Ｄ」の特性で周囲の意見をひとつひとつ深く考えたり検討したりした結果として、「確かにこちらの意見は正しい、しかしあちらの意見にも間違いなく一理ある」という結論に到達してしまうことにもよります。決めきれない一面（１１８ページ参照）も相まって、どっちつかずになってしまうのです。結局、周囲からは不審がられてしまうかもしれません。

HSPの人

HSPは「八方美人」になってしまうことがよくあります。自分の意見を言わないばかりでなく、誰に何を言われてもあいまいにうなずいたり、煮え切らない答えを返してしまうことが少なくないのです。このイラストのように冗談めかしてツッコミを入れてくれるのならまだよいのですが、場合によっては「信用ならない人」と思われてしまうかもしれません。

HSPの人 ➡ 周りの人

HSPは、嫌われまいとしたり他人の評価によって自分を肯定されたくて、ほかの人の意見についつい迎合してしまうことがあります。また、周囲の意見を「それぞれに一理ある……」と深く理解してしまうこともあり、結果としてどっちつかずになってしまいがちです。そして本人はそんな、八方美人な自分を責めてしまったりすることにもなります。

ＨＳＰは「Ｄ」の特性で、物事を深く考えます。どちらの意見についても、その意見のどこがどのように正しいのかを深く理解しようとします。

それ自体は悪いことではないのですが、一方でどこがどのように良くないのかについても、やはり深く見極めることができます。対立する２つの意見があるような場合において、ＨＳＰが考察するそれぞれの良い面・悪い面は興味深いものですが、なんとなくはっきりしない後味の悪さは残ってしまいます。

理解のポイント

- 自信がなく、他人の目を気にしてしまう
- さまざまな意見を深く考えた結果「どちらも一理ある」となってしまう
- 結果としてどっちつかずに

もしもあなたがHSPなら…

まず、誰にでもいい顔をしながら世渡りをし続けるのには無理がある、といわれがちですが、HSPにとってはどちらかから反感を買うことが強いストレスになりますので、どちらにも賛同しないという立場をとるのが現実的かもしれません。そのうえで、自分の思うそれぞれの意見や考えの良い面と悪い面を率直に話してみましょう。場合によっては、その洞察の深さからご意見番・裁定者のような存在として一目置かれることになるかもしれません。

07

怒ってもいい場面で怒れない

自分の感情を抑え込みがち

いつでも相手の気持ちを深く察知し、気を遣っているＨＳＰは、人に嫌がられそうなことは極力するまいと心がけています。心がけているというよりも、むしろ無意識のレベルでそのように振舞っていることも多いのです。

相手に合わせて行動しよう、相手の気分を害するようなことはしないように……というＨＳＰは、その結果として怒りを吐き出すタイミングを見失いがちです。34ページで説明したように、他人が叱られていても自分が落ち込んでしまうほど感受性や共感力が高いＨＳＰは、周囲の感情を害さないことを無意識に最優先してしまい、人前で怒りの感情を表に出すことがなかなかできませんし、それが癖になっています。

確かに怒りはネガティブな感情ですが、一方で誰もが持っている極めて自然な感情でもあります。それを抑え込みがちなＨＳＰは、逆に抑え込んだ感情が、あるとき一気に爆発してしまい、それが原因で人間関係がこじれたり退職を余儀なくされたりすることも珍しくないのです

心ない一言をぶつけられたHSP……ところが、周囲の人が先に怒り出してしまいました。このように、HSPは怒るべきところですぐに怒れない、ということがよくあります。周囲からは穏やかな人と見られる一方で、気が弱い・気が小さい人と軽く見られることもあるかもしれません。もちろん親しい人からは「なんで怒らないの！」と思われてしまうでしょう。

HSPは何かにつけて他人の気持ちを慮り、他人の気持ちを優先してしまいがちです。気分を害するようなことを言われても、「でもここで言い返したりしたら気を悪くしちゃうかな……」などと考えてしまいます。しかし怒りの感情自体がないわけではないので、それはストレスとして確実に心身を蝕んでしまうことでしょう。

周囲の人たちは、HSPの内側に、実は抑え込んだ怒りの感情がたまっていることに、なかなか気付けません。最後の最後に感情が爆発してしまうまで、いつも通りの穏やかな人に見えてしまっていることが多いからです。

そのため、日頃からの密接なコミュニケーションが大切になります。怒るべきときには怒っていい、不快な感情はため込むのではなくなるべく小出しにしたほうがよいのだ……ということを、特にトラブルもないふだんから共有しておけば、最悪の事態は避けられるはずです。

理解のポイント

- 人に嫌がられることはするまいと思っている
- 怒りの感情を自然に表に出すことができない
- 抑え込んだ感情が爆発して、取り返しのつかないことになったりも

もしもあなたがHSPなら…

HSPは怒りの感情を悪いモノとして抑え込みがちですが、まず、怒りは誰もが持っている普通の感情のひとつだということを改めて自覚しましょう。そのうえで、日々感じる怒りをなるべく小出しに「自分はこれで怒ってるな」と認識することが大切です。その日にあった嫌なこと、モヤモヤしたことなどを紙に書き出して破いたり丸めたりして捨てるのは、とても簡単で、しかも意外なほど気分がスッキリします。

08 優柔不断で人をイライラさせてしまう

決めなければと思うほど焦る

あらゆることの可能性や起こりうる問題点などをいつも慎重に検討し、何事も深く考え込みがちなHSPは、日常生活全般で「決定する」こと自体が苦手です。特にその場で速やかに決めなければならない場面では、決めなければと思うほど頭の中がぐるぐるして、余計に時間がかかってしまったりします。

たとえば飲食店で注文を決めるときでも、HSPは「D」の特性でメニューを慎重に検討します。一方、「S」と「O」の特性から「おすすめメニュー」「限定メニュー」などに敏感に反応し、そちらに気持ちが引っ張られたりもするのです。さらに店員から口頭で「おすすめのメニュー」をプッシュされると、「E」の特性から断っては気まずいような気持ちになり、同じく「E」の特性で、決断の遅い自分のことを待っている友人たちのことが気にかかり、決められない自分を責める気持ちが起こります。そうすると自分の気持ちに圧倒されてしまって余計に焦ってしまい、ますます決められない……という負のループに陥ってしまうのです。

この本を手にしている人の周りには、イラストのように、飲食店での注文でもなんでも、とにかく何かを決めるのに時間がかかる、決められない……という人がいるかもしれません。何を迷っているのかをHSPが説明しても「だからさ、いいから決めなよ！」と周りの人は思ってしまうかもしれません。

HSPの人 ➡ 周りの人

HSPの頭の中では、このイラストのように、「コレがよいのではないか」、「しかしそうすべきではない理由」、「ならばアレがよいのでは」、「だがそれにまつわる別の懸念」……などがぐるぐる渦巻いています。そのうえ、待たせてしまっていることを気にして、申し訳ないなどと考え出すともういけません。決められない無限ループにはまってしまいます。

もし時間が十分にあるようであれば、ＨＳＰの決断を待ちましょう。多少急ぎの場合でも、周囲が口々に「○○にすれば？」、「××でいいじゃん」などと声をかけたりするのはありがたいけれども逆効果です。刺激や情報量が増えることで、ＨＳＰはますます混乱しかねません。

どうしても急いで決めてもらう必要がある場合は、極力考えずに直感で選ぶように伝えるとよいでしょう。実は人間の決断には思考よりも感覚が大きくかかわっていることが、科学的にも実証されています。

理解のポイント

- 何でも慎重に検討してしまう
- 早く決めなければと思うほど焦ってしまう
- 待っている周囲の気持ちなどを考えると、さらに焦ってしまう

もしもあなたがHSPなら…

「下手な考え休むに似たり」という言葉があります。何かを決めるときに慎重に検討するのはもちろん悪いことではないのですが、HSPは考えるのが先走って、半面で自分の感覚に対して鈍いことが少なくありません。頭で考えるよりも感覚を大事にして、心地よいと思えるほう、「ピンとくる」と直感的に思えるほうを選ぶようにしてみるのも悪くないでしょう。

09 大人数の場でノリが悪い・おとなし過ぎる

参加を決めるのから帰宅後まで全部大変

大勢が集まってにぎやかに楽しむ飲み会やパーティー……HSPが非常に苦手とするもののひとつです。まず参加を決定する時点で、「気が進まないけど、断ったりしたら気を悪くされるかもしれない」と悩みます。そして参加したらしたで、知らない人も大勢いる会場の雰囲気に緊張してしまうのです。

当たり障りのない雑談や世間話を気軽に考えづらいHSPには、飲み会や会合の場で知らない人たちと話したりするのも苦痛に感じることもあります。そのため、誰かと話したりせずに隅のほうで固まっていたりします。そして、そのことも気に病んでしまうのです。帰宅してからも「上手く話せなかった」、「ちゃんとやれない自分はダメな人間だ」と自分を責めてしまいます。

一方、自分から積極的に刺激を追求するタイプのHSS型HSPは、飲み会や大きなパーティーが好きという人も少なくありません。ただしこのタイプのHSPも、気に病んだり気分が高ぶりすぎて、余計なことを言ってしまった、などと一人反省会が止まりません。

「極端にノリが悪い」……飲み会でのHSPを見た人が抱きがちな印象です。良くも悪くも感情の落差が大きいHSP本人のことを知っている人からすると、飲み会の場ではどれほど「はっちゃける」のかと思うのですが、意外を通り越してしまうほどにおとなしく、周囲に心配されてしまいそうです。

周りの人

飲み会での、周りに多くの人がいる状況、そしてその誰もがお酒を飲んで気分が盛り上がっている状況、あちこちで大きな声で会話が交わされている状況……それらすべてが、HSPの感覚を過度に刺激します。ふだんあまり親しくないような人もいて、このような場で何を話すべきか、と考え過ぎて緊張してしまい、どんどん気後れして縮こまるばかりです。

このような場合、ＨＳＰは話しかけられると「上手い返しをしなければ」と考え過ぎてますます緊張してしまうので、ＨＳＰが飲み会やパーティーなどで一人で所在なさげにしているときには、そっとしておいてあげてもいいでしょう。

一方でＨＳＰは「上手く参加できていない自分」のことも気に病んでしまいますので、親しい少人数の友人で声をかけて話すようにするのもアリです。その場合もＨＳＰの疲れやすさに周囲の人が過度に配慮し、何かしてあげる必要はないのです。

理解のポイント

- 気が進まなくても断れない
- 会場の雰囲気に緊張してしまう
- 周りの人たちと上手く話せず、そのことも気に病んでしまう

もしもあなたがHSPなら…

まず、気が進まない飲み会やパーティーは断るという選択ができるようになるのが先決です。一度思い切って断ることができれば、断っても大丈夫だと思えて、その後はスムーズに断れるようになるでしょう。また、聞き上手な人が多いHSPは、無理して自分から話そうとせずに聞き役に徹することもおすすめです。そして、帰宅後は一人反省会は早めに切り上げ、ゆったりリラックスして、心身を休めましょう。

10 自信がなさ過ぎて逆に人に気を遣わせる

マイナスの思い込みが強過ぎる

多くのHSPは、自分を責めがちで、褒められるのが苦手です。そして、過剰なまでに謙遜しがちでもあります。たとえば、その真面目な仕事ぶりを褒めても「いえ、私ごときが…」となりますし、中には異性から好意を寄せられても、「自分なんかが好かれるはずがない」と感じ、断りたくなってしまったり、思い切り恋人に甘えられなかったり、伝えたいことを伝えられずにモジモジし続けたり、距離をおいてしまったりして恋愛関係が長続きしない場合もあります。

実際にHSPの多くは、本当に自分に価値がないと頑なに思い込んでいたりします。そもそもの「DOES」特性が強くて、人と違うことが気になって自信が持てないことと、それまでの人生の中で少し変わったところがあるために上手くいかなかったさまざまなことが、本人の中で何度も反芻され、強過ぎるマイナスの思い込みになってしまっているのです。そんなことを周囲の人は知らないので、あまりに自信がなさ過ぎるHSPの態度を見ると、どのように接すればよいのかと、逆に気を遣ってしまいます。

ファッションセンスを褒められたHSP、思わず後ずさりしてしまいました。このように、HSPの謙遜は度を越していることがあります。褒められるのが苦手な、HSPの態度は「謙遜」あるいは「謙虚」を超越して「卑屈」に見えてしまうことがよくあります。周囲の人たちは正直なところ、どう言っていいかわからずに困ってしまうことでしょう。

このようなとき、HSPは本当に慌ててしまいます。自分に注目が向いたり褒められるのが苦手なので、「そんなことで褒められるなんてとんでもない」と思い、周囲に嫌われることが気になって、「調子に乗ってると思われないようにしなきゃ」「悪目立ちしてしまっているのでは……」と、恐れも感じてしまっているからです。

たとえば親しくしている相手や、好意を持っている相手がHSPである場合、その相手が自分自身を否定したり卑下することは、好ましく思っているこちらのことをも否定することにつながってしまうのだ、ととらえるのが一般的であるということをわかってもらいましょう。

こちらが相手の良いところを認めて親しく付き合っているのだから、相手には本当に良いところがあるのだ、と伝えるようにします。相手のHSPもこちらのことを大切に思ってくれているのなら、少しずつでも考えを改めてもらえる可能性が高いはずです。

理解のポイント

- 自己肯定感が低過ぎる
- 特性上の違いや、上手くいかなかった体験が強いマイナスの思い込みに
- 周囲が逆に気を遣ってしまうことになる

もしもあなたがHSPなら…

自分にどんなに自信がなかったとしても、相手が何かを褒めてくれたり好意を寄せてくれたりするのを喜ぶのに、デメリットはひとつもありません。まずは素直に喜ぶことを心がけましょう。常に人のためを考えるHSPには、好意的な感情を寄せてくれる相手をがっかりさせないためにも、素直な喜びの感情を返すことが大切だ、と理解できるはずです。

11 自分の意見を言わない

意見がないわけではないが、言ってもいいのかわからない

ＨＳＰは、相手の感情や事情や状況などを敏感に察知したり深く考えたりして、気を回すことができます。一方でそれは、常に相手の顔色を窺ってビクビク、オドオドしていることにもつながりかねません。

そしてＨＳＰは、他人の感情や感覚を瞬時に感じ取ったり共感したりできる一方で、自分の感情や感覚に対しては意外なほど鈍いことがあります。それは自分の気持ちを抑え込んで他人に合わせることが常態化しているせいです。そのため、いざ「で、あなたはどう思っているの？」と聞かれると、上手く答えられないばかりか、そもそも自分の考えが出てこないことに気付かされたりすることがあったりします。

周囲の評価を上げることに頼りがちなこともあわせて、ＨＳＰには「自分というものがないのでは？」と思わされてしまうことがあります。なかなか自分の意見が言えないＨＳＰに、イライラしてしまう人もいるかもしれません。

周りの人たちは次々に自分の意見や考えを表明しています。ところがHSPはなかなか自分の思っていることをはっきりと表に出しません。それは、自分の意見がないようにさえ見えてしまいます。無理に白黒つける必要もないのかもしれないのですが、それでも人によってはHSPに対して釈然としない気持ちを持ってしまうこともあるでしょう。

このイラストでは、HSPの頭の中にはもはや「自分はどう思っているのか」がまったくありません。自分の感情や考えを抑え込んで他人の気持ちを優先するあまり、頭の中は「どの意見に賛同すればカドが立たないか」ばかりになってしまっています。これは少々極端なケースかもしれませんが、HSPにはこのようなことはよく起こっています。

このようなHSPには、自分を主語にして、思っていることを積極的に言葉にしてもらうように働きかけるとよいでしょう。HSPは「D」の特性で物事を深く考えることが多く、実際には独自性のある意見を持っていることが少なくありません。ところが自分の感情や感覚を抑え込む癖が付いていることが多く、自分の考えをなかなか表に出せないのです。

もしもそれが上手に引き出せたとしたら、問題や課題になっていることに対しても、ほかの人が思いもつかなかったような、ユニークな解決策が見つかるかもしれません。

理解のポイント

- 相手の感情を察知＝顔色を窺ってしまう
- 自分の感情や感覚にはむしろ鈍感なことも
- 自分の意見が言えず、「自分のない人」と思われてしまう

もしもあなたがHSPなら…

HSPは周囲を気にして、なかなか自分自身の考えが持てず、そしてもし自分の考えがあったとしても、それを抑え込んでしまいがちです。しかし、「こんなことを言ったら嫌われてしまうのでは」「引かれてしまうのでは」という不安のほとんどは、実際には思い過ごしに過ぎません。周りの人のためにも、自分の考えを積極的に発信してみるのも悪くないでしょう。

12

刺激が強いものに弱い

悲惨なニュースなどに疲れてしまう

これまでにも説明してきた通り、ＨＳＰはさまざまな刺激に敏感に反応してしまいます。現在はウクライナでもパレスチナでも戦争や虐殺などが続いていて、そのようなニュースを見るのがつら過ぎる、というＨＳＰは少なくありません。「Ｅ」の特性のために、遠く離れた他国の悲劇を我がことのように感じてしまうばかりか、ひどく疲れたり具合が悪くなったり、落ち込んだ気持ちを引きずり続けてしまったりするのです。

このような場合の対処法として、それらの刺激（悲惨なニュースや暴力的な描写のある映画など）に近付かないようにする、というのは正しいやり方です。一方で、そのような刺激を恐れるあまりに、刺激の強いものを極端に忌避しようとするＨＳＰも見られます。

そのようなＨＳＰの心の揺れ方は、周囲から見ると少々奇異に感じられることもあったりします。たとえば世間一般に感動作とされているような映画でも、悲しいシーンなどで登場人物の心情に過度に共感してしまい、感情的になりすぎたり取り乱してしまったりすることがあるからです。

彼氏は激しそうな戦争映画に興味津々です。しかし、一緒にいるHSPの彼女は思わず目を背けてしまいました。最近は世の中の悲惨なニュースに疲れてしまっている人も多く、それ自体は珍しい反応ではないかもしれません。ただHSPの場合、そのような対象に対する感情的な拒絶反応が、周囲からは度を越して見えることもあったりします。

HSPの人  

世界で続いている戦争や虐殺は本当に悲しい出来事ですが、私たちの多くからは遠く離れたところで起きていることでもあります。しかし共感力が人一倍あるHSPは、海外の悲惨なニュースも我がことのようにとらえてしまうことが少なくありません。感受性豊かなHSPにはそのことが耐えがたく、思わず目を背けてしまいます。

HSPに限らず、特に若い人の中には悲惨な戦争のニュースや、罵詈雑言あふれるSNSなどを見ていられない、という人は多く、そのようなニュースから離れるのは決して間違った対応ではありません。

ドラマや映画などに関しては、それらは誰かがこしらえた架空のものだということを改めて意識してもらうことで、過剰に反応し過ぎずに済みます。また、苦手な場面に触れる回数を徐々に増やすことで刺激に慣れていくのも悪くない対処法です。刺激が強いからといって避け続けていると、経験値を上げる機会を失いかねません。少しずつでも刺激レベルを上げて慣れる、という方向性でチャレンジしてもらいましょう。

理解のポイント

- 他人の悲しい感情を自分のことのようにとらえる
- 疲れたり具合が悪くなったりしてしまうことも
- 強い刺激を極端に避けてしまう

もしもあなたがHSPなら…

HSPには自分の存在に意義を求め、人のためになる人生を送りたいと願う人が多くいます。悲惨なニュースから目を背けたくなるのは、特性上仕方がありませんが、刺激レベルを少しづつ上げたり、「リフレーミング」などの刺激を和らげる工夫をしたりしながら、自分の満足度も高く、かつ人のためにもなる有意義な人生を目指していけるといいですね。

13 完璧にやり過ぎる

自己承認度が低いので頑張り過ぎる

「べき思考」が強いＨＳＰには、完璧主義な傾向が見られます。何事にも完璧であるべきと思っており、そうなるように前向きに取り組みたいと思っているので日常の何事をも完璧にこなそうとしているように見える人も少なくありません。

ＨＳＰの完璧主義は、自己承認度の低さからもきています。つまり、心情の根っこに「自分は価値のない人間だ、誰からも愛してもらえるようになるにはいまのままではいけない」という気持ちが常にあり、「もっともっと頑張らなければ、完璧にやらなければ、周囲に認めてもらえない、愛してもらえない、見捨てられてしまう」……と努力して役に立つ人間であろうとします。

実際には完璧な人間などこの世にいるはずもありません。しかしＨＳＰは強い思い込みにとらわれてしまい、完璧を期していつでもハードに努力し続けながら、実はいっぱいいっぱいで、疲れ果ててしまっています。周囲は何事も完璧にこなしている（ように見える）ＨＳＰを評価したり感心したりしながら、半面で「どうしてそこまで……」と訝しく思っているかもしれません。

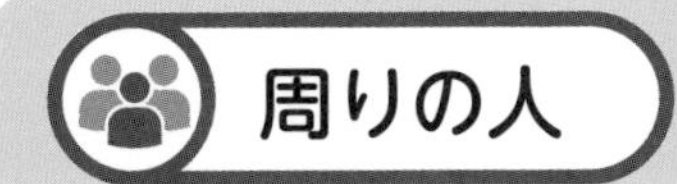

完璧に部屋を整え、品目数の多い美味しそうな夕食を用意して夫を迎えるHSPの妻……まさに理想の奥さん、と見えるかもしれません。しかし、本来ならそのことを喜ぶべき夫は、ちょっとだけ引き気味にも見えます。確かに、本当に完璧過ぎる奥さんだったとしたら、嬉しい反面で心配になったり、ちょっと気後れしたりしてしまうかもしれません。

HSPの人 → 周りの人

完璧主義に見えるHSPの心の中は、実は不安でいっぱいです。自己承認度が低く、そのため「完璧にやらなければ見捨てられてしまう」と、自分を追い込んでしまいます。しかし何事も完璧にやるというのはあまりにもハードルが高過ぎ、本人はドキドキしながら綱渡りしているような状態です。どこかで破綻してしまう可能性は決して低くありません。

周囲からよく見ていれば、このようなＨＳＰが実は無理を重ねている、というのがわかるはずです。もし親しい友人や家族などにこのようなＨＳＰがいる場合、「完璧にやりたい」という気持ちを尊重してあげられるとよいです。

その上で、「世の中に完璧な人間はいないし、自分たちもあなたに完璧など求めていない」、「完璧にできなくても、無理に完璧を目指さなくても自分たちはあなたのことが好きだし、大切に思っている」などと伝えるようにしましょう。

自分で上げてしまっているハードルはもっと下げても大丈夫だとわかってもらえるようにするとよいですね。

理解のポイント

- 「べき思考」が強く、完璧主義
- 自己肯定感の低さからきている
- 完璧にやらないと認められないと思って頑張り、疲れてしまう

もしもあなたがHSPなら…

完璧な人間など、言ってしまえば幻想であるということはわかっているのに、つい求めてしまうのがHSPなのかもしれません。完璧にやることは、決して悪いことではありません。HSPは、自分への納得も強く求めている人たちでもあるからです。生きている限り、人や社会と一緒に生きていく必要がありますが、自身が納得できるやり方とのベストバランスを探すことも、HSPには必要だと思います。

Column

外からはわかりにくい特徴①　トラウマが多い

◉HSPとトラウマの関係

ご存じの方も多いと思われますが、「トラウマ」とは「心的外傷」のことであり、字面からもわかる通り、つらい体験や大きなショックなどによる心の傷のことを指します。生得的な気質であるHSPと、後天的な体験によってもたらされるトラウマは、本質的に別のものですが、HSPが抱えている「DOES」の気質のためにHSPでなければ傷つかないようなことに傷ついて、たくさんの細かな傷を作ってきているため、過去のトラウマが生きづらさに関係していることは、少なくありません。

HSPは、つらい出来事にことさら強くショックを感じるため、次は傷つかないようにしようとして、一部の感情を抑圧しているのです。HSPは感覚処理感受性の高さのため、ポジティブな経験からもネガティブな経験からも、人一倍大きな影響を受けます。ですから生来の繊細さを否定されず、その気質を尊重されて育った場合は、自分の気質をネガティブなもの、「生きづらさ」とはとらえずに大人になるケースも考えられるわけです。

トラウマがHSPの生きづらさの原因になっているとしても、周囲から見てそのことはわかりません。それればかりか、「生きづらさ」を抱えているHSP本人がそのことに気付いていない、気付いていなかった場合もあるのです。HSPは治療すべき病気などではありませんが、トラウマが「生きづらさ」の引き金になっているとしたら、それは専門家のカウンセリングなどによって改善することができるかもしれません。

第4章

通じ合えない恋愛・結婚編

ほかの対人関係では表れない特性も出てくる

恋愛も結婚も、人生の一大事です。これまでにも説明した通り、世間的にはともすれば「生きづらさ」ばかりフォーカスされがちなHSPの特性ですが、実際には良くも悪くも同等に、非常に敏感である……ということであり、HSPは物事のポジティブな面、ポジティブな経験や刺激には人一倍ポジティブな反応を見せます。つまりHSPにとっては、たとえば恋愛のもたらす多幸感なども人一倍ということです。

ところが、恋愛関係や結婚生活で、多大な困難に直面しているHSPは少なくありません。これは人間の思考自体が元々ネガティブになりがちなことに加え（146ページ参照）、HSPが恋愛や結婚に関係するさまざまな物事の、とりわけネガティブな面を過敏に感じ取っているせいとも考えられます。

ともあれ人生の一大事である恋愛関係や結婚生活は、HSPに限らず誰にとっても山あり谷ありです。結婚の場合、パートナーは相手がHSPであることを、ある程度了解したうえで一緒になることが大半ではないかと考えられ、その後はＨＳＰの特性を考慮しながらの生活が続くと想像されますが、それ以前の恋愛においては、本人がＨＳＰであることを相手に知らせる、相手が自分の交際している人がＨＳＰであると察知する、あるいはよくわからないまま違和感が募る（または何も感じない）……など、さまざまなパターンが考えられます。

そこで本章では、恋愛の始まりから子どもを持った夫婦まで、主にカップルのどちらかがＨＳＰだった場合のさまざまな状況を想定し、いくつかのケースを紹介してみました。たとえば、この本を手にしている人の友人や交際相手などがＨＳＰである場合、あるいはこの本を読んでいる本人がＨＳＰである場合など、どのようなパターンでも参考にしていただけると思います。

たとえ好意を持った相手でも、嫌われることを恐れて本音を言えないことも。

結婚や同棲などの共同生活では、気にしてしまうことが多すぎて疲れてしまう。

01 人の好意を信じ過ぎるが信じられない

いつでも「自分なんかが……」と思ってしまう

HSPは、何かを純粋に信じ過ぎてしまう純粋な面も強いのですが、同時に他人からの称賛や好意を素直に受け取ることがなかなかできません。他人が自分を評価することに懐疑的で、「自分なんかが……」という思いも強いからです。この「自分なんかが……」というマイナスの思い込みには、HSPの「D」の特性がネガティブに影響しています。何事も深く考えるHSPは、用心深く「もしも○○が起こったら、こうするといいかもしれない」のように、仮の未来を想定しています。仮の未来が悲観的なものであれば、あらゆるネガティブな可能性に対応できます。だから、HSPが用心深いということは、未来を慎重に予測しているということなのです。

人間の思考の約8割はマイナスの考えである、という心理学の研究があります。HSPの場合、マイナスの思い込みに傾きがちなのは、人間が元々持っている傾向が「D」の特性でますます増幅されてしまうからで、ほかの人から恋愛対象として好意を寄せられても、やはり「自分なんかが……」となってしまうのは、そのせいかもしれません。

女性のほうから積極的に腕を組もうとしてきました。これはもちろん、相手に対する好意の表れです。ところがHSPの男性のほうは忍者のように身を翻してしまいます。このような態度をとっていると、女性は気を悪くしたり、「なぁんだ、私には興味がないのか……」とアプローチをやめてしまったりするかもしれません。周囲から見ると、とてももったいない状況です。

このようなシーンでHSPの頭に浮かんでいるのは好かれて嬉しい反面、「こんないい子が僕に好意を持つはずがない」、「自分なんかが誰かに好きになってもらえるはずがない」というマイナスの思い込みです。逆に、自分から誰かを好きになった場合でも、「上手くいかなかったらどうしよう」という考えばかりが先に立ってしまい、告白できなかったりします。

2人の関係がまだ深まっていない（付き合い始めていない）段階では、自分を好きになってくれていると確信しづらいのもわかります。

しかし、もし付き合い出してから相手に「自分なんかが……」という様子があれば、「あなたが自分をネガティブに言うことは、あなたを好きな私の気持ちも否定するということだよ？」と声をかけ自信を持ってもらうようにしてみましょう。マイナス思考にとらわれたＨＳＰの気持ちにも変化が表れるはずです。

理解のポイント

- 他人からの賞賛や好意を素直に受け取るのが苦手
- あらゆる悲観的な可能性を想定して用心する
- 「D」の特性がマイナスに働き、「自分なんかが……」と自分を過度に低く見積もってしまう

もしもあなたがHSPなら…

好意を寄せてくれる相手をがっかりさせないためにも、相手から寄せられた好意には素直に乗っかってみましょう。人間の心には「好意の返報性」という働きがあり、そもそも人間は好意を寄せてくれる相手には自然に好意を持つようにできています。つまり、相手の好意にあなたが応えることで、2人の関係はより深まる可能性が高くなるのです。

02

好きな人に自分を出せない

自分を信じきれず深読みし過ぎる

ＨＳＰは自分の気持ちを抑えて周囲に気を遣い、周りの人に自分の考えていることを伝えられないことがよくありますが、これは友人や職場などに限りません。102ページで家族や夫婦間でも頼りたい気持ちを出せないケースがあったように、大好きな恋人との間でも、ＨＳＰは自分の本心をなかなか出せないことが多いのです。

先読みしたり、深く考え過ぎたりしがちなＨＳＰは、たとえば「自分がＨＳＰであることを話したら相手は離れていくのではないか」「こんなことを言ったら嫌われてしまうかもしれない」などと考えがちです。また、相手が不機嫌に見えるようなときに、「自分のせいに違いない」などと思ってしまうこともあります。もちろん実際にはそうではないことも多く考えすぎてしまって、実はマイナスの思い込みに振り回されてしまっているのです。

恋愛関係で素直に自分が出せなければ、２人の間に信頼はなかなか育まれません。これらはＨＳＰの恋愛が上手くいかない、長続きしない原因となります。

このカップルは付き合い始めて間もないのかもしれません。男性はごく自然に肩に手を触れたのですが、HSPの女性は思わずビクッとしてしまっています。最初のうちこそ「初々しいなあ……」と思われるかもしれませんが、もしも同じようなことが繰り返されたら、彼氏は「どういうこと？　付き合ってるのに……」と思ってしまうことでしょう。

身体的な感覚の過敏はHSPには決して珍しいことではありません。そのことを素直に伝えることができれば、スキンシップなどについて2人で一緒に考えていくこともできるでしょう。しかしHSPの中では「嫌われてしまうかもしれない」という気持ちが先に立ってしまい、なかなか言い出すことができないまま気持ちをため込んでしまいます。

もしも付き合っている相手がＨＳＰなら、その特性を知り、受け止めることが重要になります。一方で、相手のＨＳＰ自身がそもそも自分がＨＳＰだというのを受け入れられていないこと、自分の特性を肯定できていないという可能性があることを理解するとよいでしょう。

相手がＨＳＰで先読みや深読みが過ぎるとしても、自分は相手を丸ごと認め、肯定している……という気持ちが伝われば、相手のほうも少しずつであっても、自然に自分を出していくことができるはずです。

理解のポイント

- 苦手なことが伝えられない
- 相手の気持ちを過剰に深読みしてしまうが、当たっていないことも多い
- 自分を責めてしまいがち

もしもあなたがHSPなら…

まず、相手の気持ちを過度に深読みして、先回りして自分を責めたりすることを見直してみるようにしましょう。それは誤ったマイナスの思い込みの可能性もあります。重くならないように気を付けながら、相手に、不機嫌な理由を直接訊いてみるとよいですよ。訊いてみて、自分側のマイナスの思い込みだったとわかれば、そこで自分の認知のゆがみに気づくことができます。

03

一人になりたがる

相手が好きでも一人の時間も絶対必要

「孤独を好む寂しがり屋」というのは少々矛盾した表現ですが、ＨＳＰにはこの感覚がわかるのではないでしょうか。

ＨＳＰは少人数の気心の知れた友人や、大好きなパートナーと一緒に親密な時間を過ごしたいと願う一方で、ＨＳＰの心の容量は非ＨＳＰと同じで、そこに刺激がどんどん溜まっていってしまいます。刺激が溜まると疲れやすく、もうそれ以上刺激を受け取れなくなるのです。だから、溜まってしまった刺激を空にする必要があるのです。一人になるというのは、ＨＳＰが溜まった刺激量を空にするために必要な時間なのです。

特にＨＳＳ型ＨＳＰには、外に出ていくのも好き、人と会って楽しく過ごすのも好き、でも時々一人になる時間を持たないと疲れてしまうという人が多く見られます。

甘えてきたかと思えば一人になりたがるときもあり、相手は「まるでネコみたいだなあ」とほほえましく思う一方で、わがままに感じてしまうこともあるかもしれません。

HSPの女性の態度は、なんだかちょっとそっけないように感じられなくもありません。このカップルの付き合いはそこそこ長いようにも見えますが、最初の頃は、もっと2人が一緒にいる時間が長かったのかもしれません。一人になりたがる彼女の様子を見て、男性のほうは内心「倦怠期かなあ……？」、「知らないうちに何か気にさわることを言っちゃったのかな」などと心配しているかもしれません。

HSPの女性は、パートナーに対して冷めたり飽きたりしているわけではなさそうです。しかし、付き合いを重ねるうちに、一人の時間や自分のスペースを持たないと疲れてしまう、ということに気が付いたのでしょう。女性はパートナーに対して申し訳なく思っていながらも、一人の時間も必要なのです。HSPに限らず、仲の良いカップルでもパーソナルな部分を確保する必要はあるものです。

カップルの両方が四六時中常にベッタリ一緒にいないと気が済まない……というタイプであれば、それを否定する理由はどこにもありません。しかし、HSPかどうかに関係なく、別の人格を持つ2人が一緒に過ごしていくうえで、お互いがそれぞれに一人の時間を持つことは重要です。

HSPは決して人が嫌いなわけではありません。でも、疲れをためないために、適度に人との距離を取ることに多少目をつぶってあげてください。

理解のポイント

- 決して人が嫌いなわけではない
- 刺激を受け過ぎてしまうので調節のために一人になる必要がある
- 一人の時間を確保しないと疲れてしまうことが多い

もしもあなたがHSPなら…

何ごとも、大切なのはバランスです。あなた自身の内面のバランスを保つことも重要ですし、パートナーとの関係では2人の関係のバランスも大事です。イラストの女性のように心の中で申し訳なく思っているのだとしたら、そのことを伝えてみましょう。相手を大事に思っていること、けれども一人の時間も確保したいことを、2人で話し合えると、お互いに理解が進みます。

04 依存されやすい

依存されることに喜びも感じている

ダメな男を意味する「ダメンズ」という言葉が流行したのは、もう20年ほども前のことですが、HSPの女性の中には、このダメンズとの関係にハマってしまいやすい人が少なくありません。これはHSPの自己肯定感の低さや、断れない気質などが大きくかかわっていると考えられます。

HSPの女性は、刺激に強い人がパートナーであれば、一人ではできないさまざまなことを経験できます。その人が、それまで見たことのない外の世界を教えてくれるのです。それまで一人では縮こまってビクビクしてできなかった体験をさせてくれるので、刺激耐性の高い誰かをどんどん信頼するようになり、離れられなくなってその相手に依存され、尽くすことで、「私がいないとこの人はダメなんだ」と嬉しくなります。自らの存在意義を確認することもできます。また、相手に金を無心されたりしても、嫌われたくないという気持ちから貢いでしまったりすることもあります。

ダメンズに依存される一方で、実はダメンズの存在に依存しているという関係は「共依存」と呼ばれます。しかしこのような関係には、ビターな結末が待っているかもしれません。

膝枕でゴロゴロ甘えながら、食事を要求し、金をせびる……まさに典型的なダメンズです。このような男性に尽くす女性には、HSPに限らず、仕事もよくできる、一見しっかりした女性が少なくないといいます。周囲は「どうしてあんな男と付き合っているのか」と思いますが、本人は別れてもまた同じような男性と付き合ってしまったりするのです。

HSPの人 ➡ 周りの人

HSPの女性の頭の中には「こんな私なんかを好きでいてくれるのはこの人ぐらい」、「嫌われるのは嫌だからお金をあげなくちゃ」という考えが渦巻いています。このように、HSPが抱きがちな「自分なんかが……」、「嫌われたくない」などという思い込みに、パズルのピースのようにダメンズがハマってしまうことがあるのです。

このようなパターンにはまってしまった場合、HSPが「この人には私がいないと」といった認知の歪みを自分で認識し、修正していくことはあまり期待できません。しかしほとんどの場合は不幸な結末を迎えるであろうダメンズとの関係を、放っておくわけにもいかないでしょう。

必要なのは周囲の声かけです。本人はなかなか耳を貸してくれないかもしれませんが、ダメンズに依存される一方で依存する関係の危うさ・いびつさを、少しずつでもわかってもらうようにしたいものです。

理解のポイント

- 刺激耐性の低さを、ダメな男に尽くすことで埋めようとする
- なかなか断れない気質も影響
- 依存されているようで、依存してもいる

もしもあなたがHSPなら…

「ダメンズ」に尽くしている自分自身を少しでもおかしいと感じたなら、周囲の人たちに相談しましょう。自分とダメンズとの関係の、どこがなぜどのようにおかしいとされるのか、改めて認識するのは、自分一人では難しいからです。そのうえで、周囲の協力を得ながら、依存され依存する関係から抜け出し依存関係を見直していきましょう。

05

パートナーの意見を常に気にする

自分で決めないことで安心する

HSPは、他人の意見に同調することが得意です。でもそれが行き過ぎてしまうと、まるで自分がなくなったように、信頼している誰か（パートナー）の意見を鵜呑みにしてしまう危険性もあります。

従順で素直、パートナー（夫や妻）が大好きで、信頼している……このような関係は、一見仲の良い素敵な関係に見えます。しかし、HSPの場合、自分の感じ方や、社会とのズレに自信を持てないことから、まるっきり相手の意のままに振る舞うことになってしまうこともあります。

「夫がこう言っていたから」とか「奥さんが言うには」などとパートナーの言葉をそのまま伝えることは、HSPにとって安心なのです。それは、自分の考えや感じ方が世間の標準とずれてしまいやすいHSPだからこそ表れやすい現象といえます。HSPは、幼いころから周囲からずれないように慎重に合わせてきました。パートナーに合わせていれば、世間とずれていないか心配する必要がなくなるので、パートナーの意見を引用できるのは心強い手段なのです。ところが、それは周りからすれば「自分の意見がない」ように見えてしまうことがあるので注意が必要です。

夫のいない昼間などに集まっては自由に過ごしたりするママ友のグループでの会話です。いい感じのカフェがあったら、みんなで行ってみようと考えるのも自然なことでしょう。HSPは自分の意見よりもパートナーの価値観や評価を持ち出して話すことがあります。ほかのママたちは「あなた自身はどうなの？」と思うかもしれません。

HSPは、周りの意見を立てることや、みんなの気持ちを逆なでしないように察して合わせればいいと考え、自分の意見をまるきり出さずにいることがあります。特に信頼している配偶者やパートナーの言うことが、そのまま本人の意見のようになっていることもあります。

もしも自分のパートナーがこういうタイプだ……という人がいたら、「自分の人生の主役は自分だ」ということについて、一度ゆっくり話してみるのもよいでしょう。そのうえで、こちらの意見を過度に気にしたり決定権を委ねたりするのではなく、自分自身で決定する経験を少しずつ積み重ねてもらいます。

日々の小さなことから自分で決定していく、その小さな積み重ねで、自分のことを自分で決定する、という大切な軸を取り戻してもらえるはずです。

理解のポイント

- 信頼する人の意見をそのまま鵜呑みにしてしまうことがある
- パートナーの意見を引用できるのは、HSPにとっては心強い手段
- 察して波風を立てないように生きてきた

もしもあなたがHSPなら…

今一緒にいるパートナーのことを思い浮かべてください。その人はあなたを「支配」しようとしてきた親や教師のような人でしょうか。もしそうでないとしたら、パートナーの協力も得て、自分のことを自分で決める、という人生の大切な軸を今一度自分の手に取り戻せるようにトライしてみましょう。今のあなたは自分の人生を生きる、独立した人格なのです。

起きてないことばかり心配している

あらゆる可能性を過度に心配してしまう

HSPは「S」の特性で細かなことによく気が付き、「D」の特性でそれらを深く考えます。その特性がポジティブに働けばよいのですが、実際にはネガティブに働いてしまうことも少なくありません。

もう30年ほども前ですが、『お父さんは心配症』というTVドラマが人気だったのを覚えている人もいるかもしれません。たとえば、小さい子どもを持つお父さんやお母さんがHSPだったら、ドラマばりに心配しているかもしれません。「S」の特性でありとあらゆるネガティブな可能性（通学時に事故に遭わないか、学校でいじめられるのではないかなど）を想定し、「D」の特性で起こってもいないことをぐるぐると心配し、さらに「O」の特性で気が気でなくなってしまうのです。

ドラマ『お父さんは心配症』がコメディだったように、慌てふためくお父さん（お母さん）の姿は滑稽にさえ見えるかもしれません。しかし本人はパニック寸前だったりします。

子どもがこの春から幼稚園に通い始め、お父さんもお母さんも我が子の成長が楽しみな一方で、心配も絶えません。特にHSPらしいお母さんは、取り乱した様子で、いろいろなことを心配し続けています。お父さんとしては、子どものことも心配ですが、それよりむしろお母さんのほうがよっぽど心配になってしまいそうです。

HSPのお母さんの頭の中には、前のページのイラストで口に出ている数倍の心配事がもの凄い勢いで渦巻いています。そのうえ、お母さんの頭の中では、それらの心配事について、それぞれ最悪の可能性まで勝手にシミュレーションが始まってしまうのです。子どもが幼稚園から帰る頃には、ぐったり疲れているかもしれません。

小学校入学前になると、登下校の時間帯に親と通学路を歩いて、その時間帯の道路の状態や人通りの多さを体験します。これは、入学後のひとりでの登下校に備え、地元の警察署から指導があるためです。そのように「予想される心配事に対して悪い結果にならないように、準備できることを考える」、「事故などが起こったときの対応をあらかじめ決めておく」など心がまえを話し合っておくのもよいでしょう。

漫然と次々に湧き出てくる心配事に対して、具体的な対応・行動などの方向づけができれば無駄に心配ばかりして平静を失う事態は回避できるでしょう。緊急時に頼れるマニュアルができるかもしれません。

理解のポイント

- 細かな心配事が次々に思い浮かぶ
- それらについて深く考えるあまり、過度に心配しすぎてしまう
- 心がざわついて疲れてしまう

もしもあなたがHSPなら…

上に書かれているような、「何かが起こったときには、このように対応する」というのをあらかじめしっかり想定し体験しておくことは、子どもの事故ばかりでなく、HSPにとってはいろいろな局面で有効です。たとえば「パニックになってしまったときは、一人きりにさせてもらって落ち着く時間を作る」などがそうで、事前にネガティブに考えて不安に思うだけでなく、具体的にどうしたら良いかまで決めておくと不安の種が減ります。

Column

外からはわかりにくい特徴② 空腹に弱い

◉空腹が気になり過ぎて過食へ走ることも

環境だけでなく、五感への刺激にも敏感に反応してしまうＨＳＰの特性は、これまでいろいろと見てきましたが空腹も例外ではありません。ＨＳＰではない人に比べるとＨＳＰは空腹に対してはかなり弱く、お腹が空くとすぐにイライラしたり、集中力がなくなったりしてしまいます。「お腹が空くと力がでなくなる。おなかの減り具合の予測が難しくて、急に電池切れ状態になる。食事を作る前にエネルギー不足で動けない、でも作らないと食事が取れないというジレンマに陥る」という悩みをいただくことがあるくらい、おなかがすくことはＨＳＰには切実に調整を要する案件です。どのようにすればこのような空腹に関する特性と付き合っていけるのでしょうか。

解決策としては、ガムやナッツなど体に負担の少ないもので満腹中枢を刺激できるものを持ち歩くのがよいでしょう。また、水分不足は空腹を呼びますので、水やノンカフェインのお茶などをを持参しておくのもよいでしょう。

無理に空腹を我慢しようとするのは逆効果です。「自分は空腹に弱い」ということをまず認識し、それに対する対策を落ち着いてとるという心持ちが何よりも重要です。

第5章

「繊細さ」の活かし方

HSPの特性は欠点ではない

HSPの特性を認めて受け入れる

ここまで、HSPの特徴・特性と、それによって起きるさまざまな困難について説明してきました。

もう一度改めて言うと、感覚処理感受性の高いHSPは、良くも悪くも外部からの感覚刺激に対して過敏で、「繊細な人」です。この場合、「良くも悪くも」というのがポイントで、本来は気質としてのHSPはポジティブともネガティブともいえません。良い出来事からは良い影響を受けて気分が上がり、悪い経験からは悪い影響を受けて気分が落ちる、それが人一倍激しい……というのがHSP＝高い感覚処理感受性の持ち主だからです。

ところが、世の中には「HSP＝生きづらさ」のような見方が多く、この本でも紹介してきたように、実際に生きづらさを抱えているHSP当事者が少なくありません。これは146ページで説明した通り、人間の思考の多くが実はネガティブなものであるため、HSPの思考パターンによってさらにネガティブになってしまうから、と考えることができます。

以上を踏まえて、ＨＳＰが自身の気質を活かしてラクに生きる、仕事や日常や恋愛などで輝くために必要な第一歩は、まず本人、そして周囲が、ＨＳＰという気質を認めて受け入れ、折り合いをつけていくこと、といえるでしょう。

まずＨＳＰ本人が「自分にはこういう特徴・特性があるんだ、だからこんなときにこんなふうに感じてしまったり考えたりしてしまうのは、ある程度仕方のないことなんだ」と自分自身を客観的に捉えたうえで、「だけど、それがわかっていれば、前向きに対策を立てて生きられるかもしれない」と考えることが大切です。

そしてそれと同時に、周囲がＨＳＰの特性を知り、それを認め、処遇や環境などに可能な限りの配慮を行うことができれば、ＨＳＰの当事者がラクに生きられるだけでなく、周囲の誰もが生きやすいのではないでしょうか。

HSPの特性を活かすには

特性を考えた3つの取り組み

HSPが自分を活かして自分らしく生きていくためには、さまざまな対策があります。まず大前提として、HSP本人や周囲が、その特性をよく理解することが大切です。そのうえで、取り組めることがいくつか考えられます。

その1は、「環境を整える」ことです。これは本書の2章「いっぱいいっぱいの職場編」でも説明してきたような、たとえば職場内での細かな刺激を避けるために、席の位置に配慮してもらう、パーテーションを設置する、ノイズキャンセリングタイプのイヤホンを使用する、などが挙げられます。ほかにも、たとえばパソコンのディスプレイの下に物を置いて位置を高くしたら、それだけで意外なほど向こう側が見えなくなって、気が散らなくなった……という人もいます。それらを職場の事情が許す、可能な範囲内で実践することで、ストレスはかなり少なくなるはずです。もちろん、周囲の協力も大切になります。

その2は、HSP本人が「自分のケアをする」ことです。どんなことがあったときにどんな反応が起きるのか、ということを本人がよく知っていれば、「こんなことがあったときにはこのようにする」という対策が立てやすくなります。

そしてその3は、「取り組み方を変える」ということです。HSPには先読みし過ぎて周囲の人からしたら意味不明なことを言い出したり、用心深過ぎてなかなか行動に移せなかったりして、自信を失っている人が多くいます。ところが逆に言うと、HSPはほかの人と同じではない、自分自身に合った独自のやり方で進められれば、上手くやれていた可能性が決して低くないのです。実際、HSPを自認しながら社会的に成功している人の中には、常識とは違った自分なりの取り組み方が結果オーライだったということが少なくありません。

この3つの取り組みの実践がHSPの特性を活かしていくことにつながるのです。

煩わしい人間関係からは逃げていい

「環境を整える」というのは、基本的には物理的な環境のことであると考えて差し支えありません。しかし働いたり日々を暮らしたりする「環境」の中で、容易に変えたり整えたりできないものがあります。それは人間関係です。もちろん人間関係は誰にとっても悩ましいものですが、とりわけHSPは人間関係にとても大きく悩まされる……というのは、ここまでこの本を読んできた人には言うまでもないことでしょう。

「S」の特性でさまざまなことによく気が付き、「D」の特性でそれを深く考えるHSPは、アイデアマンとして力を発揮することがあります。そして、HSPの発想する改善案は、仕事の進め方など、何かを大きく変えることに結び付くことも少なくありません。一方で、やはりというべきなのか、そのことをよく思わない、あるいは単にHSP本人のことを気に食わないという人が出てくることもあります。敵意や悪意を敏感に察知して、嫌われるのを恐れたり自分を責めたりしがちなHSPには、やりづらいことこのうえもない状況です。

そんなときにも「誰にも嫌われたくない」と思い、無理して相手と向き合ってしまい、結局消耗してしまうのがＨＳＰです。しかしＨＳＰに限らず、本当はそのような必要はありません。苦手な相手からは、さっさと逃げてしまっていいのです。

個人の生きやすさにフォーカスしていることで人気の「アドラー心理学」（個人心理学）では、「自分を変えることは容易だが、相手を変えることはできない」と繰り返し説かれています。それを考えると、イラストにあるように、席の位置を変えてもらう理由が、本当は苦手な人から離れたいためだった……というのは、全然アリといえるでしょう。

個人的な人間関係はともかく、席の配置換えなどの責任は上司や会社にあります。ここでも周囲の理解や協力が大事になってくるのです。

アーロン博士も推奨の「超越瞑想」

174ページで触れた「自分のケアをする」ですが、そこで大切になるのは、仕事をしたり友人と過ごしたりするのではない1人のときには、できるだけリラックスして過ごすということです。ところがHSPには「どうやってリラックスしたらいいのかがわからない」という人が少なくありません。

そこで、エレイン・アーロン博士も推奨しているリラックス法のひとつに「瞑想」があります。瞑想というと山奥の禅寺に出かけて座禅を組んで…というイメージを持つ人が多いかもしれませんがそうとは限りません。たとえば、頭に浮かんだことをありのままに書く「ジャーナリング」は「書く瞑想」といわれることもある方法で、HSPにもお勧めの自分の内面をケアする方法のひとつと言えます。瞑想はもっとずっとカジュアルなものです。

アーロン博士は瞑想について、「禅の瞑想」「マインドフルネス瞑想」「超越瞑想」の3つを説明しています。マインドフルネスには37ページでもちょっと触れましたが、ここでは超越瞑想を取り上げましょう。そのやり方は、以下の通りです。

①ほかのものに目がいかないように薄目にして、どこか一点を見つめて集中する（ほんの数秒でもよい）

②意識を一点に集中できるようになったら、その集中を外部の一点ではなく、自分の内側に向けていくように意識する

③自分の内側に向かった集中をさらに自分の内面の奥へと向けていく

これらは別に座禅を組んだり特別な環境を用意したりするのではなく、自分の部屋で椅子に座ったりなど、ゆったりした姿勢でOKです。「S」の特性で自分の外の細かなことばかりに意識が向いてしまい、自分の感覚に意外と鈍感なHSPがリラックスするのに、瞑想は高い効果があります。世間的にもっともポピュラーなマインドフルネスを含めて、おすすめのセルフケアです。

取り組み方を見直してみる

「言語化」を習慣にして、練習しよう

ＨＳＰが「生きづらさ」を感じてしまう大きな原因のひとつに、自分が抱えているモヤモヤを周囲と共有できない＝上手く伝えられないことがあります。これはＨＳＰが、自分が抱えている違和感を上手に「言語化」できないことからきているのです。

たとえば、26ページ「頼み事を断れない」で触れた上手な断り方「アサーティブ」のように、ＨＳＰが自分の特性や違和感をきちんと自覚したうえで、言語的なコミュニケーションのスキルを身に付けられれば、さまざまなことがグッとやりやすくなります。「頼み事を断る」ことに関していえば、「オファーありがとうございます、是非ともお引き受けしたいところなのですが……」とクッション言葉を挟んだうえで、「スケジュールが詰まっていてどうしてもお引き受けできません」と断り、その後で「〇〇日なら体が空くのですが……」と代案を提示する、といった具合です。

違和感に限らず、自分の思っていることをきちんと言語化するには、段階を踏む必要があります。まずその1は、言語化以前に「自分の思っていること・感じていることを明らかにすること」です。

特にHSPは他人の顔色が気になるあまり、自分自身の考えがわからなくなっていることが少なくありません。

その2は「思っていること・感じていることを自覚したら、それを具体的な言葉にすること」です。これはジャーナリングなどを習慣化することで、確実に上達します。

問題はその3、「言葉にできたことを実際に外に出すかどうか、現実的に判断すること」です。外に出すべきではないこと（嫌がられそうなこと）まで言ってはいけません。

自身の社会性を磨いて判断していきましょう。2の言葉にすることやジャーナリングは自身の気持ちをスッキリさせるために行ってください。さらに、伝え方を工夫できれば、コミュニケーションをより円滑にできるでしょう。これはHSPに限らず、誰にとっても有効です。

職種による向き・不向きはある？

ここまでHSPの繊細さの活かし方について説明してきました。ところで、そもそもHSPはどんな仕事が向いているのでしょうか。

ネット上では「HSPはクリエイティブな仕事に向いている」と書かれているのをよく見かけます。一方でエレイン・アーロン博士は『敏感すぎる私の活かし方　高感度から才能を引き出す発想術』（片桐恵理子訳・パンローリング刊）の中で「HSPにふさわしい仕事はたくさんある」と述べました。また、職種で絞るよりも、職場環境や人間関係に着目して職探しをしたほうがよいと提案する研究者も見られます。

実際には、やはりある程度の向き・不向きはあるようです。たとえば、向いている仕事のひとつとして、対人援助職（福祉や介護など）などが考えられます。他者の様子を察知して、直接支援することができるので、HSPにとって実感を伴った喜びを感じることができるためです。ただ、目の前の利用者さんに喜んでもらいたいと思うあまり、気持ちを察知し過ぎ、頑張り過ぎて辛くなる傾向があるため、自分の状態を把握しながら働くように気を付けておくとよいです。それさえ配慮しておけば、相手に寄り添う現場で力を発揮できるでしょう。

反対に不向きな仕事と考えられるもののひとつに、厳しいノルマを課され、スピード感を重視されることも多い、モーレツな働き方が推奨されるタイプの営業職が挙げられます（中には、営業として活躍しているＨＳＰもいます）。

販売職も微妙なところかもしれません。忙しい環境で多くのお客さんと次々に向き合わなければならなかったり、理不尽なクレームをぶつけられたりすることもあるからです。ただしこれも、たとえば１日に限られた顧客を相手にしてじっくり向き合い、寄り添うような高級品の販売であれば、ＨＳＰがスペシャルな気遣いのできる販売員として活躍できる可能性も考えられます。

ノルマ達成

スピード重視、
不特定多数との接点が多い

正確さ

寄り添い・気遣い

特性を活かすも殺すも環境次第

182ページでは、HSPの特性が向いている職業を職種の面から紹介しましたが、環境面からいえば、HSPの能力を活かすには自宅で、一人でできる仕事に勝るものはないといってよいでしょう。周囲のあらゆる刺激に敏感に反応してしまうHSPにとって、自宅・自室は環境面では最適化できるからです。光や音などの外部刺激、周囲の人間の動作や反応、電話やフロアを出入りする人の音など、あらゆる外部刺激が会社とは異なるため、HSPにとっては仕事だけに集中できる空間といえます。

こうした環境を実現するのは、実は昔よりもやりやすくなっているといえるでしょう。コロナ禍を経て社会が変化したため、リモートワークを導入している企業は増えています。また、従業員の働きやすさの観点からも世の中は変わってきていますので、もしリモートワークを取り入れていない会社だったとしても一度相談してみるとよいでしょう。リモートワークが実現することによって仕事の能率がアップする可能性が認められれば会社によっては許可を出してくれるかもしれません。

仮に、リモートワークが認められなかったとしても、社内でできる限りその環境が作れないかと考えてみましょう。匂いが気になるのであればマスク、音が気になるのであれば耳栓をしてみましょう。周りが気になるようであればパーテーションや177ページのように席の移動などをお願いしてみるのも効果的です。もちろん、これらも周りの人や会社の協力が不可欠なので、その点は個別に話し合ってみてください。

今の時代、転職も珍しいことではありませんが、さまざまな事情から、そう簡単に転職を繰り返すことができない人も多いと思います。とはいえ、特性に振り回されたままストレスの多い仕事を続けていくのも幸せなことではないと思いますので、リモートワークにせよ、出社して働くにせよなんとか今の職場で自分の特性を活かす環境を実現できるように頑張ってみましょう。

HSPのこれから

HSPと周りの人、双方の歩み寄りを目指して

さて、ここまで周りから見たHSPと、HSP当事者の感じている世界、両方を見てきましたがどう感じたでしょうか。HSPでない人は、「そんなに大変なんだ」とか「もしかして、自分の隣に座っているあの人はHSPかもしれない」と思われたのではないでしょうか。HSP当事者には、共感していただけた部分もあるのではないかと思います。あるいは「周りの人から見た私ってこんな感じなんだ」と新鮮に思うところもあったのではないかと思います。

HSPという概念は、10年前に比べると格段に世の中に広まっています。あるいはHSPという言葉は聞いたことがなくとも「繊細な人」についての本は読んだことがある人はいるかもしれません。そうした本をはじめとして、今ではHSPに関する本はさまざまなものが出版され、ドラマやマンガのキャラクターなどでも見るようになりました。

そのように世の中に広まって、非HSPの人がHSPの人の存在に気付く、あるいはこれまで自覚していなかった人が「私ってHSPなんだ」と気付き、その特性を活かすことがとても重要なことなのです。

18ページ「HSPのことをよく知ろう」でも出てきましたが、HSPの特性を知ること、理解しようとすることがHSPと周りの人が上手くやっていくための第一歩です。

また、HSPは周囲からはHSPの特性を持っていることがわかりにくい傾向もあります。さらに、HSPは周囲に合わせる、自分で抱え込みやすい特性を持っているため、なかなか自分から周りの人にSOSを出すのが難しいことが多いのは、ここまで読んできてわかっていただけたのではないかと思います。

HSP自身は、自分の特性を理解し、頼るところはきちんと頼り抱え込まない、自分をケアするなど、HSP当事者からできることも数多くあります。HSPと非HSP、両方から歩み寄ることができれば、誰もが過ごしやすい社会が実現できるのではないでしょうか。

おわりに

本書を最後までお読みいただき、誠にありがとうございます。

この本が、ＨＳＰの方々とその周囲の方々にとって、理解と共感を深める一助となったならば、監修者としてこれ以上の喜びはありません。ＨＳＰの特性を理解し、お互いの違いを尊重し合うことが、より豊かな人間関係を築くための第一歩となります。

本書を監修するにあたり、多くのＨＳＰの方々との対話やカウンセリング経験を通じて、改めてＨＳＰの特性の多様性と、その素晴らしさ、そして生きづらさを再認識しました。いつもはＨＳＰ側からものを見ていますが、本書の制作にあたって、ＨＳＰの外側からＨＳＰを眺めてみました。ＨＳＰは、上手くやろうと努力しようとするものの、疲れやすく、投げやりになったり、押し黙って理解不能に見えたりする少し不思議な人たちではありますが、愛すべき健気さがあり、深い配慮によって周囲とかかわっているために少しわかりづらくなることもあります。そのことで、誤解を受けて悔しい思いをしたり、比較されてつらくなったり、恥ずかしい気持ち、いたたまれない思いを抱えたりすることもある人たちです。ご相談くださるどの方（ＨＳＰ、ＨＳＳ型ＨＳＰ）も非ＨＳＰの方たちとの感覚の違いや、判断の相違に悩みつつ、なんとか社会から取りこぼされないように各々工夫しながら生きていらっしゃることを、カウンセリングを通して理解していますし、私自身も試行錯誤を繰り返してきた一人です。ＨＳＰが日々感じていること、経験していることを、本書を通して客観的に伝えられたことは、非常に意味深いものであると感じております。

イラストレーターのふじいまさこさんの共感的なイラストで、本書がより親しみやすく、わかりやすいものになりましたことに心から感謝いたします。私自身、日常生活でよくある場面をイラストにしてくださっていて、心の中で「そうそう」と呟き、ニヤニヤしました。イラストによって具体的な状況を描写することで、ＨＳＰでない方々にもＨＳＰの感じ方を視覚的に理解していただけたのではないかと思います。

この本を手に取ってくださったすべての方々、この本を支えてくださったすべての方々に、心からの感謝を申し上げます。今後も、ＨＳＰ、ＨＳＳ型ＨＳＰに関する知識や理解を深めるための活動を続けてまいりますので、引き続きご支援を賜りますようお願い申し上げます。

ＨＳＳ型ＨＳＰ専門心理カウンセラー　時田ひさ子

参考文献

時田ひさ子　著
『その生きづらさ、「かくれ繊細さん」かもしれません』（フォレスト出版）
『かくれ繊細さんの「やりたいこと」の見つけ方』（あさ出版）

『仕事、人間関係の悩みがスーッと軽くなる!「繊細さん」の知恵袋』武田友紀 著（マガジンハウス）
『HSPと発達障害 空気が読めない人 空気を読みすぎる人』高田明和 著（廣済堂出版）
『鈍感な世界に生きる敏感な人たち』イルセ・サン 著、枇谷玲子 翻訳（ディスカヴァー・トゥエンティワン）
『ひといちばい敏感なあなたが人を愛するとき―HSP気質と恋愛―』エレイン・N・アーロン 著、明橋 大二 翻訳（青春出版社）
『繊細すぎる自分の取扱説明書』中島輝 著（SBクリエイティブ）
『マンガでわかる 敏感すぎる自分を好きになれる本』長沼睦雄 著（青春出版社）

その他、たくさんの書籍やサイトを参考にさせていただきました。

監修

時田ひさ子（ときた・ひさこ）

HSS型HSP専門心理カウンセラー。合同会社HSP/HSS LABO代表。早稲田大学文学部心理学専修卒業。生きづらさ研究歴は高校時代より35年。生きづらさを解消するヒントを得るために早稲田大学文学部心理学専修に進学。認知行動療法、フォーカシング、退行催眠、民間の手法まで多数の心を取り扱う方法を習得するものの、自身の生きづらさの完全解明にはつながらなかった。思春期の子どもとの関係を改善するために、アドラー心理学を学び、講師として子どもとのかかわり方を教え始める。その後、ネット検索中に、自分が繊細で凹みやすいと同時に好奇心旺盛なHSS型HSPであることに気付き、生きづらさの理由がHSS型HSPの特性に由来するとわかる。心理カウンセラーとして、HSS型HSPへのカウンセリングをのべ1万5000時間実施。講座受講生からのメール、LINEのやりとりは月100時間以上。現在、大学院修士課程において臨床心理学を学んでいる。著書に『かくれ繊細さんの「やりたいこと」の見つけ方』（あさ出版）など。

Book Staff

イラスト：ふじいまさこ
執筆協力：大越よしはる
カバーデザイン：bookwall
校正：ペーパーハウス

イラストでわかる シーン別 HSPにはこう見えている

発行日　2024年　7月27日　　第1版第1刷

監　修　時田　ひさ子

発行者　斉藤　和邦
発行所　株式会社　秀和システム
〒135-0016
東京都江東区東陽2-4-2　新宮ビル2F
Tel 03-6264-3105（販売）Fax 03-6264-3094
印刷所　三松堂印刷株式会社　Printed in Japan

ISBN978-4-7980-7260-9 C0036